KB131561

청크 영어회화

청크 영어회화 일상회화편

지은이 오영일
펴낸이 임상진
펴낸곳 (주)넥서스

초판 1쇄 발행 2014년 7월 15일
초판 12쇄 발행 2018년 6월 10일

2판 1쇄 발행 2021년 1월 20일
2판 2쇄 발행 2021년 1월 25일

출판신고 1992년 4월 3일 제311-2002-2호
주소 10880 경기도 파주시 지목로 5
전화 (02)330-5500 팩스 (02)330-5555
ISBN 979-11-91209-04-4 13740

www.nexusbook.com

※본 책은《영어회화 마스터 1000+》의 개정판입니다.

3초만에 문장을 만드는 신박한 **영어 학습법**

청크
영어회화

오영일 지음

일상회화편

넥서스

체험단 리뷰

책 한 권 구매했을 뿐인데 과외 선생님이 생겼어요! 마치 1:1 과외를 받는 기분이에요. 내용도 어렵지 않고 덩어리째 공부하니까 문장 만들기도 너무 쉬워요! 부가자료도 풍성해서 참 좋아요.

유문경 _호텔리어

단어? 염려하지 마세요. 중심부 하나를 외웠을 뿐인데, 단어 여러 개가 외워져 있는 일거양득 이상의 효과를 볼 수 있으니까요. 문법? 고민하지 마세요. 문법만 달달 외워 공부하는 시대가 아닌 청크의 시대니까요.

김선혜 _디자이너

패턴 책들은 영어 문장의 앞부분만 잡아 줘서 응용력이 부족했는데, 이 책은 앞부분은 물론 중심부랑 끝부분까지 확실하게 잡아 줘서 더 쉽고 빠르게 배울 수 있어서 좋아요. 덩어리째로 공부하니까 머리 아프게 문법에 신경 안 써서 너~무 편하고, 틀릴 걱정 없이 문장을 길게 늘릴 수 있어서 실력도 쭉쭉 느는 느낌이에요^^

박유림 _대학생

인터넷 강의, 모바일 강의 등등 이것저것 다 해 봤지만 항상 실패…… ㅜㅜ 하지만 이렇게 집중이 잘 되기는 처음이에요. 영어로 말을 하는 책 〈청크 영어회화〉!! 황금 같은 출퇴근 시간, 이제 이 책에 올인하렵니다.

이병훈 _직장인

직장인들은 영어공부를 시간 내서 하기가 참 힘들어요. 출퇴근길에 잠깐 들어도 기억에 오래 남고, 바로 사용할 수 있는 게 최고죠. 이 책은 매번 포기하게 만드는 영어의 한계를 깨뜨릴 것 같아요. 하루에 청크 10개만 익히면 50개 문장으로 자연스럽게 응용도 되고 제가 하고 싶은 말도 쉽게 만들 수 있어요. 피부로 와닿는 효과가 이런 게 아닐까요?

이시현 _직장인

우선 일상에서 누구나 꼭 쓰는 문장들이기 때문에 가깝게 다가와 흡수되는 느낌이었고 당장 외국인에게 써 보고 싶은 맘이 들어서 공부하고 싶게 만들어 주는 책이에요. 쉬운 덩어리들이 뭉치면 대화가 될 수 있다는 게 너무 신기하고 기분 좋네요!!

임현영 _대학생

이 책의 가장 큰 장점은, 영문법에 대해서 아예 모르는 사람들도 퍼즐 맞추듯 청크 덩어리를 갖다 붙이기만 하면 길고 다양한 영문장들을 단 몇 초만에 아주 쉽고 빠르게 만들 수 있다라는 점인 것 같습니다. 시작부/중심부/꾸밈부 등을 계속해서 바꿔 가면서 내가 말하고 싶은 말들을 다양한 방식으로 말할 수 있다는 점 또한 굉장히 좋았습니다.

유수종 _대학생

영어공부 방법이 스마트하게 바뀐 것 같아요. 기존에는 문법에 목숨 걸고 책에 있는 문장 외우기에 급급했었는데, 시작부와 중심부 그리고 꾸밈부로 연결 포인트를 잡아줘서 직접 응용하면서 학습하고 암기할 수 있다니! 하루에 10개 표현만 공부하면 한 달에 1,000문장을 말할 수 있게 된다니 기적 같습니다.

조윤상 _대학생

청크(덩어리)로 나눠서 외우니깐 머릿속에 더 쏙쏙 들어와요. 몇 년 동안 단어만 죽어라 외웠을 때는 아무리 많이 외워도 문장 하나 제 스스로 만들기 힘들었는데, 청크로 공부한 후에는 긴 문장도 술술 말할 수 있게 됐어요~

김혜연 _직장인

고등학교 이후론 영어와 담 쌓고 살았던 제가(!) 말하고 싶은 문장을 직접 만들 수가 있다는 게 정말 신기했어요. 마지막 하나까지 놓치지 않게 복습 문제부터 다양한 버전의 MP3까지 꽉꽉 채워져 있어 대만족! 책 한 권에 복습용 학습자료도 7가지나 무료로 다운받을 수 있다니 서비스도 끝내주네요. 저 같은 왕초보에게는 딱이에요.

김민정 _공무원

안녕하세요.
저자 오영일입니다.

영어, 어떻게 하면 정말 잘할 수 있을까?

영어를 배우는 모든 학습자들의 고민입니다.

현재 전 세계 100여 개의 국가에서 영어를 공식 언어로 사용하고 있습니다. 그런 의미에서 본다면 영어는 참 쉬운 언어입니다. 하지만 여전히 우리에겐 참 어렵습니다. 그리고 흥미롭지도 않습니다.

그 이유는 바로 접근 방법과 콘텐츠의 문제 때문입니다.
그래서 이 책은 어느 누가 보더라도 쉽게 문장을 만들고 말할 수 있도록 구성하였습니다.

단어는 단어 자체 하나만으로는 문장이 될 수 없습니다. 또 다른 단어와 연결해야만 하나의 문장이 되기 때문입니다. 문장 또한 본래 그대로만 사용할 수 있어 응용이 불가능합니다.

이러한 단어와 문장의 아쉬운 점을 보완하여, 최적화된 콘텐츠가 바로 "청크"입니다. 청크학습법은 묶어서 기억하는 덩어리를 활용해서 문장 응용 능력을 최대로 높여주는 신개념 학습법입니다. 청크의 가장 큰 장점은 남이 써 놓은 문장이 아닌, 내가 하고 싶은 말을 직접 만들 수 있다는 것입니다. 문법을 몰라도 관사나 전치사들이 자연스럽게 연결이 됩니다.

영어는 언어이기에 짧은 시간 안에 모든 걸 외울 수 없습니다.
이제부터는 문장 응용 능력을 키워 보세요.

그러기 위해선 단순히 앞 부분만 잡아 주는 패턴이 아닌, 모든 문장을 쉽게 만들
수 있어야 하겠죠?

알아듣지도 못하는 숙어, 전명구, 부사절 이런 거 다 제쳐두고 이제부터는 단 세 가
지(시작/중심/꾸밈) 파트로 영어 문장을 정말 쉽게 만들어 보세요.

실제로 저는 5년 동안 청크를 끊임없이 연구하여 최초로 영어말하기 청크 게임 '뭉
치뭉치'를 만들게 되었습니다. 그리고 모두가 불가능하다고 생각했던 고스톱과 영
어를 결합시킨 '잉글리쉬 고스톱'을 개발하여 2년 연속 KOCCA(한국콘텐츠진흥원)
에서 콘텐츠상을 받기도 하였습니다. 현재는 YBM에서 "오영일의 청크영어"
강의로 사람들을 만나고 있습니다.

이 책을 통해 영어 학습에 있어서 접근 방법과 콘텐츠가 얼마나 중요한지 알게 될
것입니다. 많은 사람들이 청크영어로 영어문장을 쉽게 만들 수 있기를 바랍니다.

저자 **오영일**

이 책의 학습 원리

초급 단계의 학습자들은 문장 패턴을 암기하거나 문장 자체를 통암기하는 방식으로 영어회화를 공부합니다. 하지만 네이티브들이 자주 쓰는 표현이라고 해도 내가 하고 싶은 말, 내가 자주 하는 말과는 달라 활용도가 떨어지는 경우가 있습니다. 특히 무조건 외운 문장은 잊어먹기도 쉽죠.

> 언제까지 누군가가 정해놓은 문장만 외울 건가요?
> 내가 하고 싶은 말을 직접 만들고 영어로 말하고 싶진 않으세요?

영어는 언어이기에 짧은 시간 안에 네이티브들이 쓰는 모든 문장을 외울 수는 없습니다. 영어회화에 있어 중요한 것은 단어와 표현들을 조합하여 문장을 만들어 보는 것, 즉 '문장 응용 능력'을 키우는 것입니다.

여러분이 하고 싶은 말을 직접 만들고 말할 수 있는 '문장 응용 능력'을 키우기 위해선 영어 표현을 '단어' 단위가 아니라 '덩어리' 단위의 표현 묶음(청크, chunk)으로 알아두셔야 합니다. 묶음으로 기억하는 덩어리인 청크(chunk)는 단어가 아닌 말뭉치로 문장 응용력을 몇 백 배로 증가시킬 수 있는 신개념 학습법입니다.

이 책은 청크 개념을 활용하여 학습자 여러분이 하고 싶은 말을 직접 만들고 말할 수 있도록 '문장 응용 능력'을 키우는 데 초점을 맞추었습니다. 하루 10개 청크(표현)만 공부해도 하루에 50문장, 한 달이면 1,000문장 이상을 말할 수 있습니다.

단어 암기는 영어 공부의 기본이지만, 단어를 많이 알고 있어도 영어로 말 한 마디 제대로 못하는 경우가 많죠? 이는 풍부한 어휘력은 영어 사용에 도움은 줄 수 있어도, 단어만 나열해서는 문장을 만들 수는 없습니다.

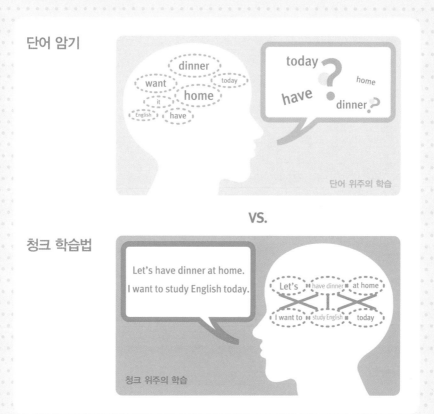

의미를 가진 말의 덩어리인 **청크(chunk)**를 학습하면 머릿속에서 문장을 '시작부 – 중심부 – 꾸밈부'의 세 부분으로 나누어 인식하여 제대로 된 문장을 만들 수 있습니다.

시작부	중심부	꾸밈부
Let's I didn't I want to	have dinner study English take a shower	today at home with friends

 ✕ ✕

⬇   ⬇   ⬇

Let's have dinner today.
Let's study English at home.
I didn't take a shower today.
I didn't have dinner with friends.
I want to take a shower at home.
I want to study English with friends.

한 달에 1,000문장을 통암기하려면 하루에 몇 시간씩 공부해야 할까요?

청크 학습법을 활용한다면,

하루에 청크 10개만 공부해도 하루 50문장을 말할 수 있고,

한 달(20일)이면 1,000문장을 말할 수 있게 됩니다!

1. 왕초보도 한 달이면 1,000문장을 말할 수 있다!

하루 10개의 청크(중심부)만 공부하면, 하루에 50문장, 한 달이면 1,000문장을 말할 수 있습니다. 최소한의 학습으로 최대의 효과를 거둘 수 있죠. 학습자가 직접 문장 만들기 연습을 하기 때문에 기억에 오래 남고 보다 효과적입니다.

2. KOCCA 한국콘텐츠진흥원장상 수상

2년 연속으로 KOCCA 한국콘텐츠진흥원장상을 수상하여 콘텐츠의 우수성을 공식적으로 인정받았습니다.

3. 3년간의 콘텐츠 제작, 5년간의 임상실험을 거쳐 개발, 완성

양질의 콘텐츠 제작을 위해 3년 동안 꾸준히 연구하여 개발했으며, 국내 학습자들을 대상으로 5년간의 임상실험을 통해 보완하여 완성시킨 학습법입니다.

미드, 영화, 뉴스, 원서, 영어교재 등의 빈출 표현 총망라! **20,000**개	자주 쓰는 생활밀착형 패턴, 숙어, 구동사, 전명구 총정리! **8,000**개	시작부/중심부/꾸밈부 3개의 파트로 구분! **6,804**개
네이티브 최종 감수. 이 책 완성! **600**개	국내 영어학습자 대상 임상실험을 통해 콘텐츠 재정리! **1,230**개	실제 문장 만들기 적용 시 부결합 표현 삭제! **4,897**개

STEP 1

50문장 미리보기

오늘 공부할 내용을 살펴보세요. **시작부 + 중심부** 또는 **시작부+중심부+꾸밈부**를 연결하면 여러 가지 문장을 만들 수 있습니다. 스마트폰으로 QR코드를 스캔하면 MP3 파일을 바로 들을 수 있습니다.

🔊 MP3 활용법
(집중) 듣기 MP3 ⇨ 스피킹 훈련 MP3

STEP 2

하루 50문장 말하기

시작부와 중심부를 연결하여 문장을 만들어 보세요. 하루에 중심부 10개만 공부하면 시작부 5개와 결합시켜 50문장을 말할 수 있습니다. 시작부＋중심부 문장을 큰 소리로 세 번씩 읽어 보세요.

🔊 MP3 활용법
(집중) 듣기 MP3 ⇨ 스피킹 훈련 MP3
큰 소리로 문장을 세 번씩 읽어 보세요.

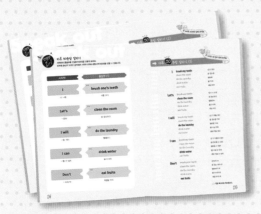

STEP 3

좀 더 길게 말해 보기

시작부 + 중심부 뒤에 **꾸밈부**를 붙여서 좀 더 길게 말해 보세요.

🔊 MP3 활용법
(집중) 듣기 MP3 ⇨ 스피킹 훈련 MP3
큰 소리로 문장을 세 번씩 읽어 보세요.

CHECK-UP

오늘 공부한 내용을 확인하는 문제입니다.
보기 중에서 알맞은 말을 골라 빈칸에 넣어
보세요.

부록편

오늘 공부한 중심부 표현들을 다시 한번 복
습해 보세요. 다양한 시작부, 꾸밈부와 연결
시켜 여러 가지 문장을 만들 수 있습니다.
문장 응용 능력 향상과 실전 회화 훈련에
도움을 줍니다.

부가자료를 활용한 복습

넥서스 홈페이지에서 무료로 제공하는 7가지 부가 학습자료를 다운받아 복습하세요.
www.nexusbook.com

듣기 MP3 — 한국어 뜻과 영어 네이티브 녹음을 한 번씩 들을 수 있습니다.

집중 듣기 MP3 — 네이티브 녹음을 두 번 반복해서 들을 수 있습니다.

스피킹 훈련 MP3 — 한국어 뜻을 듣고 여러분이 영어로 말해 볼 수 있는 시간을 줍니다. 그 다음에 네이티브 음성을 들으며 다시 한번 확인할 수 있도록 구성했습니다.

딕테이션 테스트 & MP3 — 영어 문장을 듣고 받아쓰기 연습을 할 수 있도록 테스트지와 MP3 파일을 제공합니다.

표현 노트 — 중심부 표현만 집중 학습할 수 있도록 정리한 자료입니다. 표현을 보고 문장을 만들어 보는 연습을 해 보세요.

표현 퀴즈 — 중심부 표현을 제대로 익혔는지 확인해 보는 퀴즈입니다.

목차

PART 1

50문장 말하기 훈련

시작하기 전에 꼭 알아 두세요!

1 one's는 문장을 만들 때 소유격으로 바꿔 주세요.

　my 나의 / your 너의

　his 그의 / her 그녀의

　our 우리의 / their 그들의

　回 I brush one's teeth. ⇒ I brush my teeth.

2 someone은 문장을 만들 때 목적격으로 바꿔 주세요.

　me 나를 / you 너를

　him 그를 / her 그녀를

　us 우리를 / them 그들을

　回 I propose to someone. ⇒ I propose to her.

책 표지의 날개를 펼쳐 보세요.

더 많은 시작부와 꾸임부를 활용할 수 있답니다.

50문장 마스터

 Today's Expression

get up

일어나다

'일어나다'에 해당하는 영어 표현은 get up과 wake up 두 가지가 있죠.
wake up이 확실히 잠에서 깨어나는 것을 의미하는 반면,
get up은 잠자리에서 일어나긴 했지만 아직 정신은 몽롱한 상태일 때 씁니다.

50문장 미리보기

오늘 공부할 내용을 살펴보세요. **시작부+중심부** 또는 **시작부+중심부+꾸밈부**를
연결하면 여러 가지 문장을 만들 수 있습니다.

시작부	중심부

I

나 ~해

001
brush one's teeth

이를 닦다

Let's

~하자

002
clean the room

방 청소하다

I will

~할 거야

003
do the laundry

빨래하다

I can

~할 수 있어

004
drink water

물 마시다

Don't

~하지 마

005
eat fruits

과일을 먹다

중심부	꾸밈부
006 get up 일어나다	**today** 오늘
007 have breakfast 아침을 먹다	**all day** 하루 종일
008 study English 영어 공부하다	**at home** 집에서
009 take a shower 샤워하다	**every day** 매일
010 wash one's face 세수하다	**in the morning** 아침에

하루 50문장 말하기

시작부와 **중심부**를 연결하여 문장을 만들어 보세요.
하루에 중심부 10개만 공부하면 시작부 5개와 결합시켜 50문장을 말할 수 있습니다.

시작부	중심부 (1)

I

나 ~해

001
brush one's teeth

이를 닦다

Let's

~하자

002
clean the room

방 청소하다

I will

~할 거야

003
do the laundry

빨래하다

I can

~할 수 있어

004
drink water

물 마시다

Don't

~하지 마

005
eat fruits

과일을 먹다

I	brush my teeth	나 이 닦아
	clean the room	방 청소해
	do the laundry	빨래해
	drink water	물 마셔
	eat fruits	과일 먹어

Let's	brush our teeth	우리 이 닦자
	clean the room	방 청소하자
	do the laundry	빨래하자
	drink water	물 마시자
	eat fruits	과일 먹자

I will	brush my teeth	난 이 닦을 거야
	clean the room	방 청소할 거야
	do the laundry	빨래할 거야
	drink water	물 마실 거야
	eat fruits	과일 먹을 거야

I can	brush my teeth	난 이 닦을 수 있어
	clean the room	방 청소할 수 있어
	do the laundry	빨래할 수 있어
	drink water	물 마실 수 있어
	eat fruits	과일 먹을 수 있어

Don't	brush your teeth	이 닦지 마
	clean the room	방 청소 하지 마
	do the laundry	빨래하지 마
	drink water	물 마시지 마
	eat fruits	과일 먹지 마

다음 페이지에 계속됩니다.

23

시작부와 **중심부**를 연결하여 문장을 만들어 보세요.

시작부	중심부 (2)

I
나 ~해

006
get up
일어나다

Let's
~하자

007
have breakfast
아침을 먹다

I will
~할 거야

008
study English
영어 공부하다

I can
~할 수 있어

009
take a shower
샤워하다

Don't
~하지 마

010
wash one's face
세수하다

큰 소리로 세 번씩 말해 보세요.

☐☐☐	**I**	**get up**	나 일어나
☐☐☐		have breakfast	아침 먹어
☐☐☐		study English	영어 공부해
☐☐☐		take a shower	샤워해
☐☐☐		wash my face	세수해
☐☐☐	**Let's**	get up	일어나자
☐☐☐		**have breakfast**	아침 먹자
☐☐☐		study English	영어 공부하자
☐☐☐		take a shower	샤워하자
☐☐☐		wash our face	세수하자
☐☐☐	**I will**	get up	난 일어날 거야
☐☐☐		have breakfast	아침 먹을 거야
☐☐☐		**study English**	영어 공부할 거야
☐☐☐		take a shower	샤워할 거야
☐☐☐		wash my face	세수할 거야
☐☐☐	**I can**	get up	난 일어날 수 있어
☐☐☐		have breakfast	아침 먹을 수 있어
☐☐☐		study English	영어 공부할 수 있어
☐☐☐		**take a shower**	샤워할 수 있어
☐☐☐		wash my face	세수할 수 있어
☐☐☐	**Don't**	get up	일어나지 마
☐☐☐		have breakfast	아침 먹지 마
☐☐☐		study English	영어 공부하지 마
☐☐☐		take a shower	샤워하지 마
☐☐☐		**wash your face**	세수하지 마

25

좀 더 길게 말해 보기

시작부 + 중심부 뒤에 꾸밈부를 붙여서 좀 더 길게 말해 보세요.

시작부	중심부	꾸밈부
1	난 **아침에** 이 닦아.	in the morning
2	난 **매일** 방 청소해.	every day
3	**집에서** 빨래하지 마.	at home
4	난 **아침에** 물 마셔.	in the morning
5	난 **매일** 과일을 먹을 수 있어.	every day
6	우리 **오늘** 아침 먹자.	today
7	난 **하루 종일** 영어 공부할 거야.	all day
8	난 **매일** 샤워해.	every day

26

☐☐☐ I brush my teeth in the morning.

☐☐☐ I clean the room every day.

☐☐☐ Don't do the laundry at home.

☐☐☐ I drink water in the morning.

☐☐☐ I can eat fruits every day.

☐☐☐ Let's have breakfast today.

☐☐☐ I will study English all day.

☐☐☐ I take a shower every day.

빈칸에 알맞은 말을 보기 중에서 골라 넣어 보세요.

> brush my teeth   have breakfast
> study English   get up   clean the room
> take a shower   wash my face   do the laundry
> eat fruits   drink water

1. 난 아침에 일어나.

   I ⟨   ⟩ in the morning.

2. 오늘 방 청소하자.

   Let's ⟨   ⟩ today.

3. 난 집에서 샤워할 거야.

   I will ⟨   ⟩ at home.

4. 난 하루 종일 영어 공부할 수 있어.

   I can ⟨   ⟩ all day.

5. 매일 빨래하지 마.

   Don't ⟨   ⟩ every day.

1. get up   2. clean the room   3. take a shower   4. study English   5. do the laundry

복습 훈련 222쪽

28

100문장 마스터

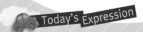

Today's Expression

go to bed

자러 가다

'자러 가다'의 의미뿐 아니라 잠자리에서 잠드는 행위에 중점을 두기도 합니다.
참고로 go to sleep은 꼭 밤에 자는 것이 아니라도
'낮잠'이나 잠깐 잠이 든 '선잠', '쪽잠'의 의미로도 쓸 수 있습니다.

STEP 1

50문장 미리보기

오늘 공부할 내용을 살펴보세요. **시작부+중심부** 또는 **시작부+중심부+꾸밈부**를 연결하면 여러 가지 문장을 만들 수 있습니다.

시작부	중심부

Please

~해 주세요

011
drink milk

우유를 마시다

I won't

~ 안 할 거야

012
eat bread

빵을 먹다

I have to

~해야 해

013
give blood

헌혈하다

I want to

~하고 싶어

014
go to bed

자러 가다, 자다

I don't want to

~하고 싶지 않아

015
join the army

입대하다

MP3 듣기

중심부	꾸밈부

016
live here
여기서 살다

now
지금, 이제

017
make a donation
기부하다

today
오늘

018
move out
이사 가다

by myself
혼자, 직접, 스스로

019
see a dentist
치과 진찰을 받다

anymore
더 이상

020
tell the truth
진실을 말하다

during the week
주중에, 일주일 내내

STEP 2-1 하루 50문장 말하기

시작부와 **중심부**를 연결하여 문장을 만들어 보세요.
하루에 중심부 10개만 공부하면 시작부 5개와 결합시켜 50문장을 말할 수 있습니다.

시작부	중심부 (1)

Please
~해 주세요

011
drink milk
우유를 마시다

I won't
~ 안 할 거야

012
eat bread
빵을 먹다

I have to
~해야 해

013
give blood
헌혈하다

I want to
~하고 싶어

014
go to bed
자러 가다, 자다

I don't want to
~하고 싶지 않아

015
join the army
입대하다

큰 소리로 세 번씩 말해 보세요.

☐☐☐	**Please**	**drink milk**	우유 드세요
☐☐☐		eat bread	빵 드세요
☐☐☐		give blood	헌혈하세요
☐☐☐		go to bed	자러 가세요
☐☐☐		join the army	입대하세요
☐☐☐	**I won't**	drink milk	난 우유 안 마실 거야
☐☐☐		**eat bread**	빵 안 먹을 거야
☐☐☐		give blood	헌혈 안 할 거야
☐☐☐		go to bed	안 잘 거야
☐☐☐		join the army	입대 안 할 거야
☐☐☐	**I have to**	drink milk	나 우유 마셔야 해
☐☐☐		eat bread	빵 먹어야 해
☐☐☐		**give blood**	헌혈해야 해
☐☐☐		go to bed	자야 해
☐☐☐		join the army	입대해야 해
☐☐☐	**I want to**	drink milk	나 우유 마시고 싶어
☐☐☐		eat bread	빵 먹고 싶어
☐☐☐		give blood	헌혈하고 싶어
☐☐☐		**go to bed**	자고 싶어
☐☐☐		join the army	입대하고 싶어
☐☐☐	**I don't want to**	drink milk	난 우유 마시고 싶지 않아
☐☐☐		eat bread	빵 먹고 싶지 않아
☐☐☐		give blood	헌혈하고 싶지 않아
☐☐☐		go to bed	자고 싶지 않아
☐☐☐		**join the army**	입대하고 싶지 않아

📑 다음 페이지에 계속됩니다.

33

시작부와 **중심부**를 연결하여 문장을 만들어 보세요.

시작부	중심부 (2)

Please

~해 주세요

016
live here

여기서 살다

I won't

~ 안 할 거야

017
make a donation

기부하다

I have to

~해야 해

018
move out

이사 가다

I want to

~하고 싶어

019
see a dentist

치과 진찰을 받다

I don't want to

~하고 싶지 않아

020
tell the truth

진실을 말하다

Please		
	live here	여기서 사세요
	make a donation	기부하세요
	move out	이사 가세요
	see a dentist	치과 진찰을 받으세요
	tell the truth	진실을 말하세요

I won't		
	live here	난 여기서 안 살 거야
	make a donation	기부하지 않을 거야
	move out	이사 안 갈 거야
	see a dentist	치과 진찰 안 받을 거야
	tell the truth	진실을 말하지 않을 거야

I have to		
	live here	나 여기서 살아야 해
	make a donation	기부해야 해
	move out	이사 가야 해
	see a dentist	치과 진찰 받아야 해
	tell the truth	진실을 말해야 해

I want to		
	live here	나 여기서 살고 싶어
	make a donation	기부하고 싶어
	move out	이사 가고 싶어
	see a dentist	치과 진찰 받고 싶어
	tell the truth	진실을 말하고 싶어

I don't want to		
	live here	난 여기서 살고 싶지 않아
	make a donation	기부하고 싶지 않아
	move out	이사 가고 싶지 않아
	see a dentist	치과 진찰 받고 싶지 않아
	tell the truth	진실을 말하고 싶지 않아

35

좀 더 길게 말해 보기

시작부 + 중심부 뒤에 **꾸밈부**를 붙여서 좀 더 길게 말해 보세요.

시작부	중심부	꾸밈부

1 난 **더 이상** 우유 안 마실 거야.　　　　　　anymore

2 **오늘은** 빵 먹고 싶어.　　　　　　today

3 **지금은** 자고 싶지 않아.　　　　　　now

4 나 **오늘** 입대해야 해.　　　　　　today

5 나 **혼자** 여기서 살아야 해.　　　　　　by myself

6 **주중에** 이사 가고 싶어.　　　　　　during the week

7 **오늘** 치과 진찰 받고 싶어.　　　　　　today

8 **이제** 솔직하게 말하세요.　　　　　　now

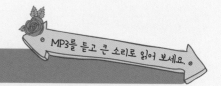
☐☐☐ I won't drink milk anymore.

☐☐☐ I want to eat bread today.

☐☐☐ I don't want to go to bed now.

☐☐☐ I have to join the army today.

☐☐☐ I have to live here by myself.

☐☐☐ I want to move out during the week.

☐☐☐ I want to see a dentist today.

☐☐☐ Please tell the truth now.

빈칸에 알맞은 말을 보기 중에서 골라 넣어 보세요.

join the army	make a donation
go to bed	move out	give blood
eat bread	drink milk	live here
tell the truth	see a dentist

1. 지금 헌혈하세요.

   Please ⟨　　　　　⟩ **now.**

2. 더 이상 이사 안 갈 거야.

   I won't ⟨　　　　　⟩ **anymore.**

3. 나 주중에 치과 진찰 받아야 해.

   I have to ⟨　　　　　⟩ **during the week.**

4. 직접 기부하고 싶어.

   I want to ⟨　　　　　⟩ **by myself.**

5. 오늘은 빵 먹고 싶지 않아.

   I don't want to ⟨　　　　　⟩ **today.**

1. give blood 2. move out 3. see a dentist 4. make a donation 5. eat bread

🔄 복습 훈련 224쪽

150문장 마스터

surf the internet

인터넷 서핑을 하다

흔히 인터넷을 정보의 바다라고 하죠!
바다에서 서핑을 하는 것처럼 인터넷에서도
다른 사이트로 갈 때 파도타기를 한답니다.

50문장 미리보기

오늘 공부할 내용을 살펴보세요. **시작부+중심부** 또는 **시작부+중심부+꾸밈부**를
연결하면 여러 가지 문장을 만들 수 있습니다.

시작부	중심부

I don't

~ 안 해

021
drink juice

주스를 마시다

I used to

전에는 ~했었는데(지금은 안 함)

022
eat meat

고기를 먹다

It's time to

~할 시간[때]이야

023
iron a shirt

셔츠를 다리다

Can I ~?

~해도 돼?

024
live alone

혼자 살다

Can you ~?

~할 수 있어?

025
put on socks

양말을 신다

MP3 듣기

중심부	꾸밈부

026

surf the internet

인터넷 서핑을 하다

now

지금, 이제

027

take a bus

버스를 타다

here

여기

028

show one's hobbies

취미를 보여 주다

today

오늘

029

use a hair dryer

헤어드라이기를 쓰다

at home

집에서

030

wash one's hands

손을 씻다

for a while

잠깐, 한동안

41

하루 50문장 말하기

시작부와 **중심부**를 연결하여 문장을 만들어 보세요.
하루에 중심부 10개만 공부하면 시작부 5개와 결합시켜 50문장을 말할 수 있습니다.

시작부	중심부 (1)
I don't ~ 안 해	021 **drink juice** 주스를 마시다
I used to 전에는 ~했었는데	022 **eat meat** 고기를 먹다
It's time to ~할 시간[때]이야	023 **iron a shirt** 셔츠를 다리다
Can I ~? ~해도 돼?	024 **live alone** 혼자 살다
Can you ~? ~할 수 있어?	025 **put on socks** 양말을 신다

 하루 50 문장 말하기 (1)

I don't	drink juice	난 주스 안 마셔
	eat meat	고기 안 먹어
	iron a shirt	셔츠 안 다려
	live alone	혼자 안 살아
	put on socks	양말 안 신어

I used to	drink juice	전에는 주스 마셨었는데
	eat meat	전에는 고기 먹었었는데
	iron a shirt	전에는 셔츠 다렸었는데
	live alone	전에는 혼자 살았었는데
	put on socks	전에는 양말 신었었는데

It's time to	drink juice	주스 마실 시간이야
	eat meat	고기 먹을 시간이야
	iron a shirt	셔츠 다릴 시간이야
	live alone	혼자 살 때야
	put on socks	양말 신을 시간이야

Can I	drink juice?	나 주스 마셔도 돼?
	eat meat?	고기 먹어도 돼?
	iron a shirt?	셔츠 다려도 돼?
	live alone?	혼자 살아도 돼?
	put on socks?	양말 신어도 돼?

Can you	drink juice?	너 주스 마실 수 있어?
	eat meat?	고기 먹을 수 있어?
	iron a shirt?	셔츠 다릴 수 있어?
	live alone?	혼자 살 수 있어?
	put on socks?	양말 신을 수 있어?

🔄 다음 페이지에 계속됩니다.

STEP 2-2

시작부와 **중심부**를 연결하여 문장을 만들어 보세요.

시작부	중심부 (2)

I don't

~ 안 해

026
surf the internet

인터넷 서핑을 하다

I used to

전에는 ~했었는데

027
take a bus

버스를 타다

It's time to

~할 시간[때]이야

028
show one's hobbies

취미를 보여 주다

Can I ~?

~해도 돼?

029
use a hair dryer

헤어드라이기를 쓰다

Can you ~?

~할 수 있어?

030
wash one's hands

손을 씻다

44

 하루 **50** 문장 말하기 (2)

큰 소리로 세 번씩 말해 보세요.

I don't	surf the internet	인터넷 서핑 안 해
	take a bus	버스 안 타
	show my hobby	내 취미 안 보여 줄래
	use a hair dryer	헤어드라이기 안 써
	wash my hands	손 안 씻어

I used to	surf the internet	전에는 인터넷 서핑 했었는데
	take a bus	전에는 버스 탔었는데
	show my hobby	전에는 취미 보여 줬었는데
	use a hair dryer	전에는 헤어드라이기 썼었는데
	wash my hands	전에는 손 씻었었는데

It's time to	surf the internet	인터넷 서핑할 시간이야
	take a bus	버스 탈 시간이야
	show your hobby	네 취미를 보여 줄 시간이야
	use a hair dryer	헤어드라이기 쓸 시간이야
	wash our hands	손 씻을 시간이야

Can I	surf the internet?	인터넷 서핑 해도 돼?
	take a bus?	버스 타도 돼?
	show my hobby?	나 취미 보여 줘도 돼?
	use a hair dryer?	헤어드라이기 써도 돼?
	wash my hands?	손 씻어도 돼?

Can you	surf the internet?	인터넷 서핑 할 수 있어?
	take a bus?	버스 탈 수 있어?
	show your hobby?	너 취미 보여 줄 수 있어?
	use a hair dryer?	헤어드라이기 쓸 수 있어?
	wash your hands?	손 씻을 수 있어?

45

좀 더 길게 말해 보기

시작부 + 중심부 뒤에 꾸밈부를 붙여서 좀 더 길게 말해 보세요.

시작부	중심부	꾸밈부

1 나 **오늘** 고기 먹어도 돼? → today

2 난 **집에서** 셔츠 안 다려. → at home

3 **이제** 혼자 살 때야. → now

4 **잠깐** 인터넷 서핑 해도 돼? → for a while

5 전에는 **여기서** 버스를 탔었는데. → here

6 **지금** 네 취미를 보여 줄 수 있어? → now

7 나 **잠깐** 헤어드라이기 써도 돼? → for a while

8 **이제** 우리 손 씻을 시간이야. → now

☐☐☐ Can I eat meat **today?**

☐☐☐ I don't iron a shirt **at home.**

☐☐☐ It's time to live alone **now.**

☐☐☐ Can I surf the internet **for a while?**

☐☐☐ I used to take a bus **here.**

☐☐☐ Can you show your hobbies **now?**

☐☐☐ Can I use a hair dryer **for a while?**

☐☐☐ It's time to wash our hands **now.**

47

CHECK-UP

빈칸에 알맞은 말을 보기 중에서 골라 넣어 보세요.

> surf the internet   show your hobbies
>
> wash our hands   eat meat   drink juice
>
> live alone   use a hair dryer   take a bus
>
> put on socks   iron a shirt

1. 난 집에서 고기 안 먹어.

   I don't ⟨　　　　　　　⟩ **at home.**

2. 전에 잠깐 동안 혼자 살았었는데.

   I used to ⟨　　　　　　　⟩ **for a while.**

3. 우리 이제 손 씻을 시간이야.

   It's time to ⟨　　　　　　　⟩ **now.**

4. 나 잠깐 헤어드라이기 써도 돼?

   Can I ⟨　　　　　　　⟩ **for a while?**

5. 지금 네 취미를 보여 줄 수 있어?

   Can you ⟨　　　　　　　⟩ **now?**

1. eat meat   2. live alone   3. wash our hands   4. use a hair dryer   5. show your hobbies

복습 훈련 226쪽

DAY 04

200문장 마스터

Today's Diary

Today's Expression

keep a diary

일기를 쓰다

keep a diary를 '일기를 유지하다'라고 해석하면 곤란하겠죠?
keep은 '유지하다'라는 의미뿐 아니라
'일기·장부·기록 등을 쓰다'라는 의미도 가지고 있어요.

STEP 1

50문장 미리보기

오늘 공부할 내용을 살펴보세요. **시작부+중심부** 또는 **시작부+중심부+꾸밈부**를
연결하면 여러 가지 문장을 만들 수 있습니다.

시작부	중심부
Will you ~? ~할 거야?	031 **close the window** 창문을 닫다
Do I have to ~? ~해야 해?	032 **cook dinner** 저녁을 요리하다
Why don't you ~? ~하지 그래?, ~하는 게 어때?	033 **eat fried eggs** 계란 프라이를 먹다
Do you want to ~? ~하고 싶어?	034 **get home late** (집에) 늦게 들어가다
How often do you ~? 얼마나 자주 ~해?	035 **go out** (밖에) 나가다

중심부	꾸밈부

036
keep a diary
일기를 쓰다

now
지금, 이제

037
listen to the radio
라디오를 듣다

today
오늘

038
go bowling
볼링을 치다

tonight
오늘 밤

039
set the alarm clock
알람을 맞추다

at home
집에서

040
wash the dishes
설거지하다

every day
매일

하루 50문장 말하기

시작부와 **중심부**를 연결하여 문장을 만들어 보세요.
하루에 중심부 10개만 공부하면 시작부 5개와 결합시켜 50문장을 말할 수 있습니다.

시작부	중심부 (1)

Will you ~?

~할 거야?

031
close the window

창문을 닫다

Do I have to ~?

~해야 해?

032
cook dinner

저녁을 요리하다

Why don't you ~?

~하지 그래?, ~하는 게 어때?

033
eat fried eggs

계란 프라이를 먹다

Do you want to ~?

~하고 싶어?

034
get home late

(집에) 늦게 들어가다

How often do you ~?

얼마나 자주 ~해?

035
go out

(밖에) 나가다

큰 소리로 세 번씩 말해 보세요.

	Will you	**close the window?**	너 창문 닫을 거야?
		cook dinner?	저녁 요리할 거야?
		eat fried eggs?	계란 프라이 먹을 거야?
		get home late?	(집에) 늦게 들어갈 거야?
		go out?	(밖에) 나갈 거야?
	Do I have to	close the window?	내가 창문 닫아야 해?
		cook dinner?	저녁 요리해야 해?
		eat fried eggs?	계란 프라이 먹어야 해?
		get home late?	(집에) 늦게 들어가야 해?
		go out?	(밖에) 나가야 해?
	Why don't you	close the window?	창문 닫지 그래?
		cook dinner?	저녁 요리하는 게 어때?
		eat fried eggs?	계란 프라이 먹지 그래?
		get home late?	(집에) 늦게 들어가지 그래?
		go out?	(밖에) 나가는 게 어때?
	Do you want to	close the window?	너 창문 닫고 싶어?
		cook dinner?	저녁 요리하고 싶어?
		eat fried eggs?	계란 프라이 먹고 싶어?
		get home late?	(집에) 늦게 들어가고 싶어?
		go out?	(밖에) 나가고 싶어?
	How often do you	close the window?	얼마나 자주 창문 닫아?
		cook dinner?	얼마나 자주 저녁 요리해?
		eat fried eggs?	얼마나 자주 계란 프라이 먹어?
		get home late?	얼마나 자주 (집에) 늦게 들어가?
		go out?	얼마나 자주 (밖에) 나가?

🔄 다음 페이지에 계속됩니다.

STEP
2-2

시작부와 **중심부**를 연결하여 문장을 만들어 보세요.

시작부	중심부 (2)

Will you ~?

~할 거야?

036
keep a diary

일기를 쓰다

Do I have to ~?

~해야 해?

037
listen to the radio

라디오를 듣다

Why don't you ~?

~하지 그래?, ~하는 게 어때?

038
go bowling

볼링을 치다

Do you want to ~?

~하고 싶어?

039
set the alarm clock

알람을 맞추다

How often do you ~?

얼마나 자주 ~해?

040
wash the dishes

설거지하다

 하루 50 문장 말하기 (2)

 큰 소리로 세 번씩 말해 보세요.

Will you	**keep a diary?**	너 일기 쓸 거야?
	listen to the radio?	라디오 들을 거야?
	go bowling?	볼링 칠 거야?
	set the alarm clock?	네가 알람 맞출 거야?
	wash the dishes?	네가 설거지할 거야?
Do I have to	keep a diary?	나 일기 써야 해?
	listen to the radio?	라디오 들어야 해?
	go bowling?	볼링 쳐야 해?
	set the alarm clock?	알람 맞춰야 해?
	wash the dishes?	설거지해야 해?
Why don't you	keep a diary?	일기 쓰지 그래?
	listen to the radio?	라디오 듣지 그래?
	go bowling?	볼링 치는 게 어때?
	set the alarm clock?	알람 맞추지 그래?
	wash the dishes?	설거지하지 그래?
Do you want to	keep a diary?	너 일기 쓰고 싶어?
	listen to the radio?	라디오 듣고 싶어?
	go bowling?	볼링 치고 싶어?
	set the alarm clock?	알람 맞추고 싶어?
	wash the dishes?	설거지하고 싶어?
How often do you	keep a diary?	얼마나 자주 일기 써?
	listen to the radio?	얼마나 자주 라디오 들어?
	go bowling?	얼마나 자주 볼링 쳐?
	set the alarm clock?	얼마나 자주 알람 맞춰?
	wash the dishes?	얼마나 자주 설거지해?

좀 더 길게 말해 보기

시작부 + 중심부 뒤에 꾸밈부를 붙여서 좀 더 길게 말해 보세요.

시작부	중심부	꾸밈부

1. 얼마나 자주 **집에서** 저녁 요리해? — at home

2. 너 **지금** 계란 프라이 먹고 싶어? — now

3. **오늘 밤에** 밖에 나갈 거야? — tonight

4. **매일** 일기 써야 해? — every day

5. **오늘 밤에** 라디오 들을 거야? — tonight

6. 너 **오늘** 볼링 치고 싶어? — today

7. **지금** 알람 맞추지 그래? — now

8. 얼마나 자주 **집에서** 설거지해? — at home

How often do you cook dinner at home?

Do you want to eat fried eggs now?

Will you go out tonight?

Do I have to keep a diary every day?

Will you listen to the radio tonight?

Do you want to go bowling today?

Why don't you set the alarm clock now?

How often do you wash the dishes at home?

CHECK-UP

빈칸에 알맞은 말을 보기 중에서 골라 넣어 보세요.

set the alarm clock   listen to the radio

eat fried eggs   go out   wash the dishes

keep a diary   close the window   go bowling

cook dinner   get home late

1. 너 오늘 나갈 거야?

Will you ⟨⟩ **today?**

2. 오늘 밤에 내가 저녁 요리해야 해?

Do I have to ⟨⟩ **tonight?**

3. 지금 알람 맞추지 그래?

Why don't you ⟨⟩ **now?**

4. 너 오늘 일기 쓰고 싶어?

Do you want to ⟨⟩ **today?**

5. 얼마나 자주 집에서 설거지해?

How often do you ⟨⟩ **at home?**

DAY
05

250문장 마스터

Today's Expression

shop online

온라인 쇼핑을 하다

요즘은 모바일로도 쉽게 온라인 쇼핑을 할 수가 있죠?
shop 하면 먼저 헤어숍, 네일숍, 커피숍 등이 생각나겠지만
shop은 동사로서 '쇼핑하다'라는 뜻으로도 사용할 수 있답니다.

50문장 미리보기

오늘 공부할 내용을 살펴보세요. **시작부＋중심부** 또는 **시작부＋중심부＋꾸밈부**를
연결하면 여러 가지 문장을 만들 수 있습니다.

시작부	중심부
Did you ~? ~했어?	041 **bring an umbrella** 우산을 가져오다
I didn't ~ 안 했어	042 **chew gum** 껌을 씹다
I couldn't ~할 수 없었어	043 **cut one's nails** 손톱을 깎다
I told you to 내가 ~하라고 했잖아	044 **download the app** 앱을 다운 받다
I (과거형) ~했어	045 **eat fresh vegetables** 신선한 채소를 먹다

MP3 듣기

중심부	꾸밈부

046
read webtoons
웹툰을 보다

today
오늘

047
separate the garbage
쓰레기 분리수거를 하다

at home
집에서

048
shop online
온라인 쇼핑을 하다

yesterday
어제

049
study Japanese
일본어를 공부하다

this morning
오늘 아침

050
wash cups
컵을 닦다

over and over
반복해서, 계속해서

STEP 2-1 하루 50문장 말하기

시작부와 **중심부**를 연결하여 문장을 만들어 보세요.
하루에 중심부 10개만 공부하면 시작부 5개와 결합시켜 50문장을 말할 수 있습니다.

시작부	중심부 (1)
Did you ~? ~했어?	041 **bring an umbrella** 우산을 가져오다
I didn't ~ 안 했어	042 **chew gum** 껌을 씹다
I couldn't ~할 수 없었어	043 **cut one's nails** 손톱을 깎다
I told you to 내가 ~하라고 했잖아	044 **download the app** 앱을 다운 받다
I (과거형) ~했어	045 **eat fresh vegetables** 신선한 채소를 먹다

Did you	**bring an umbrella?**	너 우산 가져왔어?
	chew gum?	껌 씹었어?
	cut your nails?	손톱 깎았어?
	download the app?	앱 다운 받았어?
	eat fresh vegetables?	신선한 채소를 먹었어?
I didn't	bring an umbrella	나 우산 안 가져왔어
	chew gum	껌 안 씹었어
	cut my nails	손톱 안 깎았어
	download the app	앱 다운 안 받았어
	eat fresh vegetables	신선한 채소 안 먹었어
I couldn't	bring an umbrella	난 우산을 가져올 수 없었어
	chew gum	껌을 씹을 수 없었어
	cut my nails	손톱을 깎을 수 없었어
	download the app	앱을 다운 받을 수 없었어
	eat fresh vegetables	신선한 채소를 먹을 수 없었어
I told you to	bring an umbrella	내가 우산 가져오라고 말했잖아
	chew gum	껌 씹으라고 말했잖아
	cut your nails	너 손톱 깎으라고 말했잖아
	download the app	앱 다운 받으라고 말했잖아
	eat fresh vegetables	신선한 채소를 먹으라고 말했잖아
I (과거형)	brought an umbrella	나 우산 가져왔어
	chewed gum	껌 씹었어
	cut my nails	손톱 깎았어
	downloaded the app	앱 다운 받았어
	ate fresh vegetables	신선한 채소를 먹었어

다음 페이지에 계속됩니다.

63

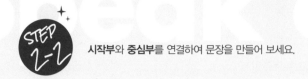

STEP 2-2

시작부와 **중심부**를 연결하여 문장을 만들어 보세요.

시작부	중심부 (2)
Did you ~? ~했어?	046 **read webtoons** 웹툰을 보다
I didn't ~ 안 했어	047 **separate the garbage** 쓰레기 분리수거를 하다
I couldn't ~할 수 없었어	048 **shop online** 온라인 쇼핑을 하다
I told you to 내가 ~하라고 했잖아	049 **study Japanese** 일본어를 공부하다
I (과거형) ~했어	050 **wash cups** 컵을 닦다

 큰 소리로 세 번씩 말해 보세요.

☐☐☐	**Did you**	**read webtoons?**	너 웹툰을 봤어?
☐☐☐		separate the garbage?	쓰레기 분리수거 했어?
☐☐☐		shop online?	온라인 쇼핑 했어?
☐☐☐		study Japanese?	일본어 공부했어?
☐☐☐		wash cups?	컵 닦았어?
☐☐☐	**I didn't**	read webtoons	나 웹툰을 안 봤어
☐☐☐		**separate the garbage**	쓰레기 분리수거를 안 했어
☐☐☐		shop online	온라인 쇼핑 안 했어
☐☐☐		study Japanese	일본어 공부 안 했어
☐☐☐		wash cups	컵 안 닦았어
☐☐☐	**I couldn't**	read webtoons	난 웹툰을 볼 수가 없었어
☐☐☐		separate the garbage	쓰레기 분리수거를 할 수 없었어
☐☐☐		**shop online**	온라인 쇼핑 할 수 없었어
☐☐☐		study Japanese	일본어를 공부할 수 없었어
☐☐☐		wash cups	컵을 닦을 수 없었어
☐☐☐	**I told you to**	read webtoons	내가 웹툰 보라고 말했잖아
☐☐☐		separate the garbage	쓰레기 분리수거 하라고 말했잖아
☐☐☐		shop online	온라인으로 쇼핑하라고 말했잖아
☐☐☐		**study Japanese**	일본어 공부하라고 말했잖아
☐☐☐		wash cups	컵 닦으라고 말했잖아
☐☐☐	**I** (과거형)	read webtoons	나 웹툰 읽었어
☐☐☐		separated the garbage	쓰레기 분리수거 했어
☐☐☐		shopped online	온라인 쇼핑 했어
☐☐☐		studied Japanese	일본어 공부했어
☐☐☐		**washed cups**	컵 닦았어

65

STEP 3 좀 더 길게 말해 보기

시작부 + 중심부 뒤에 **꾸밈부**를 붙여서 좀 더 길게 말해 보세요.

시작부	중심부	꾸밈부

1 너 **오늘** 우산 가져왔어? — today

2 나 **오늘** 껌 안 씹었어. — today

3 내가 **어제** 손톱 깎으라고 말했잖아. — yesterday

4 **계속해서** 앱을 다운 받을 수가 없었어. — over and over

5 **어제** 웹툰 안 봤어. — yesterday

6 **오늘 아침에** 분리수거 했어? — this morning

7 나 **집에서** 일본어 공부했어. — at home

8 **오늘** 온라인 쇼핑 했어? — today

66

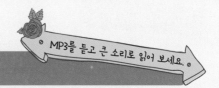 MP3를 듣고 큰 소리로 읽어 보세요.

Did you bring an umbrella today?

I didn't chew gum today.

I told you to cut your nails yesterday.

I couldn't download the app
over and over.

I didn't read webtoons yesterday.

Did you separate the garbage
this morning?

I studied Japanese at home.

Did you shop online today?

67

빈칸에 알맞은 말을 보기 중에서 골라 넣어 보세요.

eat fresh vegetables   bring an umbrella

cut your nails   chew gum   shop online

read webtoons   wash cups   studied Japanese

separate the garbage   download the app

1. 너 집에서 손톱 깎았어?

    Did you ⟨_____⟩ **at home?**

2. 나 오늘 우산 안 가져왔어.

    I didn't ⟨_____⟩ **today.**

3. 집에서 앱을 다운 받을 수가 없었어.

    I couldn't ⟨_____⟩ **at home.**

4. 내가 오늘 아침에 분리수거 하라고 말했잖아.

    I told you to ⟨_____⟩ **this morning.**

5. 나 집에서 일본어 공부했어.

    I ⟨_____⟩ **at home.**

1. cut your nails 2. bring an umbrella 3. download the app 4. separate the garbage
5. studied Japanese

복습 훈련 230쪽

DAY
06

300문장 마스터

Today's Expression

eat out

외식하다

eat out은 말 그대로 '나가서 먹다', 즉 '외식하다'라는 뜻입니다.
특히 외식을 많이 하는 미국인들은 일주일에 평균 세 개의 햄버거를 먹는다고 합니다.

50문장 미리보기

오늘 공부할 내용을 살펴보세요. **시작부+중심부** 또는 **시작부+중심부+꾸밈부**를
연결하면 여러 가지 문장을 만들 수 있습니다.

시작부	중심부
I 나 ~해	051 **buy a lottery ticket** 복권을 사다
Let's ~하자	052 **clean the bathroom** 화장실을 청소하다
I will ~할 거야	053 **drink soda** 탄산음료를 마시다
I can ~할 수 있어	054 **eat out** 외식하다
Don't ~하지 마	055 **live in an apartment** 아파트에 살다

중심부	꾸밈부

056

go to the buffet

뷔페에 가다

now

지금, 이제

057

have a late night snack

야식을 먹다

tonight

오늘 밤

058

order food

음식을 주문하다

every day

매일

059

play pool

포켓볼을 치다

if you want

네가 원한다면

060

wash one's car

세차하다

this weekend

이번 주말

71

하루 50문장 말하기

시작부와 **중심부**를 연결하여 문장을 만들어 보세요.
하루에 중심부 10개만 공부하면 시작부 5개와 결합시켜 50문장을 말할 수 있습니다.

시작부	중심부 (1)

I

나 ~해

051
buy a lottery ticket

복권을 사다

Let's

~하자

052
clean the bathroom

화장실을 청소하다

I will

~할 거야

053
drink soda

탄산음료를 마시다

I can

~할 수 있어

054
eat out

외식하다

Don't

~하지 마

055
live in an apartment

아파트에 살다

큰 소리로 세 번씩 말해 보세요.

I	**buy a lottery ticket**	나 복권 사
	clean the bathroom	화장실 청소해
	drink soda	탄산음료 마셔
	eat out	외식해
	live in an apartment	아파트에 살아
Let's	buy a lottery ticket	우리 복권 사자
	clean the bathroom	화장실 청소하자
	drink soda	탄산음료 마시자
	eat out	외식하자
	live in an apartment	아파트에 살자
I will	buy a lottery ticket	난 복권 살 거야
	clean the bathroom	화장실 청소할 거야
	drink soda	탄산음료 마실 거야
	eat out	외식할 거야
	live in an apartment	아파트에 살 거야
I can	buy a lottery ticket	난 복권 살 수 있어
	clean the bathroom	화장실 청소 할 수 있어
	drink soda	탄산음료 마실 수 있어
	eat out	외식할 수 있어
	live in an apartment	아파트에 살 수 있어
Don't	buy a lottery ticket	복권 사지 마
	clean the bathroom	화장실 청소 하지 마
	drink soda	탄산음료 마시지 마
	eat out	외식하지 마
	live in an apartment	아파트에 살지 마

다음 페이지에 계속됩니다.

STEP 2-2 시작부와 **중심부**를 연결하여 문장을 만들어 보세요.

시작부	중심부 (2)

I

나 ~해

056
go to the buffet

뷔페에 가다

Let's

~하자

057
have a late night snack

야식을 먹다

I will

~할 거야

058
order food

음식을 주문하다

I can

~할 수 있어

059
play pool

포켓볼을 치다

Don't

~하지 마

060
wash one's car

세차하다

74

큰 소리로 세 번씩 말해 보세요.

☐☐☐	**I**	**go to the buffet**	나 뷔페에 가
☐☐☐		have a late night snack	야식 먹어
☐☐☐		order food	음식 주문해
☐☐☐		play pool	포켓볼 쳐
☐☐☐		wash my car	세차해
☐☐☐	**Let's**	go to the buffet	우리 뷔페 가자
☐☐☐		**have a late night snack**	야식 먹자
☐☐☐		order food	음식 주문하자
☐☐☐		play pool	포켓볼 치자
☐☐☐		wash our car	세차하자
☐☐☐	**I will**	go to the buffet	난 뷔페 갈 거야
☐☐☐		have a late night snack	야식 먹을 거야
☐☐☐		**order food**	음식 주문할 거야
☐☐☐		play pool	포켓볼 칠 거야
☐☐☐		wash my car	세차할 거야
☐☐☐	**I can**	go to the buffet	난 뷔페 갈 수 있어
☐☐☐		have a late night snack	야식 먹을 수 있어
☐☐☐		order food	음식 주문할 수 있어
☐☐☐		**play pool**	포켓볼 칠 수 있어
☐☐☐		wash my car	세차할 수 있어
☐☐☐	**Don't**	go to the buffet	뷔페 가지 마
☐☐☐		have a late night snack	야식 먹지 마
☐☐☐		order food	음식 주문하지 마
☐☐☐		play pool	포켓볼 치지 마
☐☐☐		**wash your car**	세차하지 마

75

좀 더 길게 말해 보기

시작부 + 중심부 뒤에 꾸밈부를 붙여서 좀 더 길게 말해 보세요.

시작부	중심부	꾸밈부

1 **매일** 복권 사지 마.　　　　　　　　　every day

2 **네가 원한다면** 내가 화장실 청소할게.　　if you want

3 우리 **오늘 밤에** 외식하자.　　　　　　　tonight

4 우리 **이번 주말에** 뷔페 가자.　　　　　this weekend

5 **오늘 밤에** 야식 먹지 마.　　　　　　　tonight

6 **네가 원한다면** 내가 음식 주문할게.　　if you want

7 **지금** 포켓볼 치자.　　　　　　　　　now

8 난 **매일** 세차할 수 있어.　　　　　　every day

☐☐☐   Don't buy a lottery ticket **every day.**

☐☐☐   I will clean the bathroom **if you want.**

☐☐☐   Let's eat out **tonight.**

☐☐☐   Let's go to the buffet **this weekend.**

☐☐☐   Don't have a late night snack **tonight.**

☐☐☐   I will order food **if you want.**

☐☐☐   Let's play pool **now.**

☐☐☐   I can wash my car **every day.**

CHECK-UP

빈칸에 알맞은 말을 보기 중에서 골라 넣어 보세요.

> have a late night snack   live in an apartment
>
> buy a lottery ticket   eat out   drink soda
>
> order food   wash my car   play pool
>
> go to the buffet   clean the bathroom

1. 난 매일 화장실 청소해.

   I ⟨＿＿＿＿＿⟩ every day.

2. 우리 오늘 밤에 외식하자.

   Let's ⟨＿＿＿＿＿⟩ tonight.

3. 네가 원한다면 내가 음식 주문할게.

   I will ⟨＿＿＿＿＿⟩ if you want.

4. 난 지금 당구 칠 수 있어.

   I can ⟨＿＿＿＿＿⟩ now.

5. 이번 주말에 복권 사지 마.

   Don't ⟨＿＿＿＿＿⟩ this weekend.

📖 복습 훈련 232쪽

350문장 마스터

Today's Expression

fall in love

사랑에 빠지다

사람이 사랑에 빠지는 데 걸리는 시간은 고작 0.2초라고 합니다.
아마도 심장이 쿵! 하고 떨어지는(fall) 시간이 아닐까요?

50문장 미리보기

오늘 공부할 내용을 살펴보세요. **시작부+중심부** 또는 **시작부+중심부+꾸밈부**를 연결하면 여러 가지 문장을 만들 수 있습니다.

시작부	중심부
Please ~해 주세요	061 **buy a movie ticket** 영화표를 사다
I won't ~ 안 할 거야	062 **eat popcorn** 팝콘을 먹다
I have to ~해야 해	063 **fall in love** 사랑에 빠지다
I want to ~하고 싶어	064 **go on a date** 데이트하다
I don't want to ~하고 싶지 않아	065 **keep in shape** 몸매를 유지하다

MP3 듣기

중심부	꾸밈부

066 put on perfume
향수를 뿌리다

now
지금, 이제

067 see a movie
영화를 보다

today
오늘

068 send a text message
문자를 보내다

with you
너와

069 show off
자랑하다

every day
매일

070 talk on the phone
(전화) 통화하다

sometimes
가끔

81

하루 50문장 말하기

시작부와 **중심부**를 연결하여 문장을 만들어 보세요.
하루에 중심부 10개만 공부하면 시작부 5개와 결합시켜 50문장을 말할 수 있습니다.

시작부	중심부 (1)

Please

~해 주세요

061
buy a movie ticket

영화표를 사다

I won't

~ 안 할 거야

062
eat popcorn

팝콘을 먹다

I have to

~해야 해

063
fall in love

사랑에 빠지다

I want to

~하고 싶어

064
go on a date

데이트하다

I don't want to

~하고 싶지 않아

065
keep in shape

몸매를 유지하다

Please	**buy a movie ticket**	영화표를 사세요
	eat popcorn	팝콘을 드세요
	fall in love	사랑에 빠지세요
	go on a date	데이트하세요
	keep in shape	몸매 유지하세요

I won't	buy a movie ticket	나 영화표 안 살 거야
	eat popcorn	팝콘 안 먹을 거야
	fall in love	사랑에 빠지지 않을 거야
	go on a date	데이트하지 않을 거야
	keep in shape	몸매 유지하지 않을 거야

I have to	buy a movie ticket	나 영화표 사야 해
	eat popcorn	팝콘 먹어야 해
	fall in love	사랑에 빠져야 해
	go on a date	데이트해야 해
	keep in shape	몸매 유지해야 해

I want to	buy a movie ticket	나 영화표 사고 싶어
	eat popcorn	팝콘 먹고 싶어
	fall in love	사랑에 빠지고 싶어
	go on a date	데이트하고 싶어
	keep in shape	몸매 유지하고 싶어

I don't want to	buy a movie ticket	나 영화표 사고 싶지 않아
	eat popcorn	팝콘 먹고 싶지 않아
	fall in love	사랑에 빠지고 싶지 않아
	go on a date	데이트하고 싶지 않아
	keep in shape	몸매 유지하고 싶지 않아

🔄 다음 페이지에 계속됩니다.

83

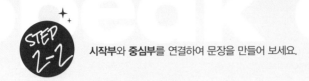

STEP
2-2

시작부와 **중심부**를 연결하여 문장을 만들어 보세요.

시작부	중심부 (2)

Please

~해 주세요

066
put on perfume

향수를 뿌리다

I won't

~ 안 할 거야

067
see a movie

영화를 보다

I have to

~해야 해

068
send a text message

문자를 보내다

I want to

~하고 싶어

069
show off

자랑하다

I don't want to

~하고 싶지 않아

070
talk on the phone

(전화) 통화하다

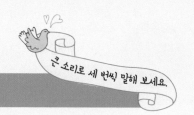

	Please	put on perfume	향수를 뿌리세요
		see a movie	영화 보세요
		send a text message	문자 보내세요
		show off	자랑하세요
		talk on the phone	(전화) 통화하세요
	I won't	put on perfume	나 향수 안 뿌릴 거야
		see a movie	영화 안 볼 거야
		send a text message	문자 안 보낼 거야
		show off	자랑하지 않을 거야
		talk on the phone	(전화) 통화하지 않을 거야
	I have to	put on perfume	나 향수 뿌려야 해
		see a movie	영화 봐야 해
		send a text message	문자 보내야 해
		show off	자랑해야 해
		talk on the phone	(전화) 통화해야 해
	I want to	put on perfume	나 향수 뿌리고 싶어
		see a movie	영화 보고 싶어
		send a text message	문자 보내고 싶어
		show off	자랑하고 싶어
		talk on the phone	(전화) 통화하고 싶어
	I don't want to	put on perfume	나 향수 뿌리고 싶지 않아
		see a movie	영화 보고 싶지 않아
		send a text message	문자 보내고 싶지 않아
		show off	자랑하고 싶지 않아
		talk on the phone	(전화) 통화하고 싶지 않아

85

STEP 3

좀 더 길게 말해 보기

시작부+중심부 뒤에 꾸밈부를 붙여서 좀 더 길게 말해 보세요.

시작부	중심부	꾸밈부

1 나 **오늘** 영화표 사야 해. → today

2 나 **지금** 팝콘 안 먹을 거야. → now

3 **너랑** 데이트하고 싶어. → with you

4 **너랑** 영화 보고 싶어. → with you

5 **가끔** 문자 보내세요. → sometimes

6 **오늘은** 향수 뿌리고 싶지 않아. → today

7 나 **오늘** 자랑하고 싶어. → today

8 **지금은** 통화하고 싶지 않아. → now

좀 더 길게 말해 보기

MP3를 듣고 큰 소리로 읽어 보세요.

☐☐☐ I have to buy a movie ticket **today.**

☐☐☐ I won't eat popcorn **now.**

☐☐☐ I want to go on a date **with you.**

☐☐☐ I want to see a movie **with you.**

☐☐☐ Please send a text message **sometimes.**

☐☐☐ I don't want to put on perfume **today.**

☐☐☐ I want to show off **today.**

☐☐☐ I don't want to talk on the phone **now.**

87

CHECK-UP 빈칸에 알맞은 말을 보기 중에서 골라 넣어 보세요.

send a text message	buy a movie ticket
put on perfume	fall in love	see a movie
keep in shape	go on a date	show off
eat popcorn	talk on the phone

1. 지금 문자 보내세요.

   Please ⟨＿＿＿＿＿＿＿⟩ **now.**

2. 나 오늘은 영화표 안 살 거야.

   I won't ⟨＿＿＿＿＿＿＿⟩ **today.**

3. 나 매일 몸매 유지해야 해.

   I have to ⟨＿＿＿＿＿＿＿⟩ **every day.**

4. 너랑 영화 보고 싶어.

   I want to ⟨＿＿＿＿＿＿＿⟩ **with you.**

5. 오늘은 향수 뿌리고 싶지 않아.

   I don't want to ⟨＿＿＿＿＿＿＿⟩ **today.**

1. send a text message 2. buy a movie ticket 3. keep in shape 4. see a movie 5. put on perfume

📄 복습 훈련 234쪽

88

400문장 마스터

eat like a horse

엄청나게 많이 먹다

우린 보통 많이 먹는 사람을 보면 '돼지처럼 먹는다'라고 하죠.
하지만 영어에서는 '말(horse)'에 비유하여 eat like a horse라고 합니다.

50문장 미리보기

오늘 공부할 내용을 살펴보세요. **시작부＋중심부** 또는 **시작부＋중심부＋꾸밈부**를 연결하면 여러 가지 문장을 만들 수 있습니다.

시작부	중심부
I don't ～ 안 해	071 **change one's hairstyle** 헤어스타일을 바꾸다
I used to 전에는 ～했었는데(지금은 안 함)	072 **do volunteer work** 자원 봉사 하다
It's time to ～할 시간[때]이야	073 **eat like a horse** 엄청나게 많이 먹다
Can I ~? ～해도 돼?	074 **get a haircut** 머리를 자르다
Can you ~? ～할 수 있어?	075 **go to church** 교회에 가다

중심부	꾸밈부
076 **make pocket money**	**now**
용돈을 벌다	지금, 이제
077 **meet one's friends**	**today**
친구들을 만나다	오늘
078 **pray for someone**	**these days**
기도하다	요즘
079 **study the Bible**	**for a while**
성경을 공부하다	잠깐, 한동안
080 **watch American TV series**	**in downtown**
미드를 보다	시내에

하루 50문장 말하기

시작부와 **중심부**를 연결하여 문장을 만들어 보세요.
하루에 중심부 10개만 공부하면 시작부 5개와 결합시켜 50문장을 말할 수 있습니다.

시작부	중심부 (1)

I don't

~ 안 해

071
change one's hairstyle

헤어스타일을 바꾸다

I used to

전에는 ~했었는데

072
do volunteer work

자원 봉사 하다

It's time to

~할 시간[때]이야

073
eat like a horse

엄청나게 많이 먹다

Can I ~?

~해도 돼?

074
get a haircut

머리를 자르다

Can you ~?

~할 수 있어?

075
go to church

교회에 가다

하루 50 문장 말하기 (1)

큰 소리로 세 번씩 말해 보세요.

☐☐☐	**I don't**	**change my hairstyle**	나 헤어스타일 안 바꿔
☐☐☐		do volunteer work	자원 봉사 안 해
☐☐☐		eat like a horse	많이 안 먹어
☐☐☐		get a haircut	머리 안 잘라
☐☐☐		go to church	교회 안 다녀
☐☐☐	**I used to**	change my hairstyle	전에는 헤어스타일 바꿨었는데
☐☐☐		**do volunteer work**	전에는 자원 봉사 했었는데
☐☐☐		eat like a horse	전에는 많이 먹었었는데
☐☐☐		get a haircut	전에는 머리 잘랐었는데
☐☐☐		go to church	전에는 교회 다녔었는데
☐☐☐	**It's time to**	change your hairstyle	너 헤어스타일 바꿀 때야
☐☐☐		do volunteer work	자원 봉사할 시간이야
☐☐☐		**eat like a horse**	많이 먹을 시간이야
☐☐☐		get a haircut	머리 자를 때야
☐☐☐		go to church	교회 갈 시간이야
☐☐☐	**Can I**	change my hairstyle?	나 헤어스타일 바꿔도 돼?
☐☐☐		do volunteer work?	자원 봉사 해도 돼?
☐☐☐		eat like a horse?	많이 먹어도 돼?
☐☐☐		**get a haircut?**	머리 잘라도 돼?
☐☐☐		go to church?	교회 가도 돼?
☐☐☐	**Can you**	change your hairstyle?	너 헤어스타일 바꿀 수 있어?
☐☐☐		do volunteer work?	자원 봉사 할 수 있어?
☐☐☐		eat like a horse?	많이 먹을 수 있어?
☐☐☐		get a haircut?	머리 자를 수 있어?
☐☐☐		**go to church?**	교회 갈 수 있어?

📱 다음 페이지에 계속됩니다.

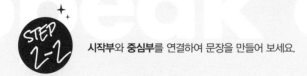

STEP 2-2   **시작부**와 **중심부**를 연결하여 문장을 만들어 보세요.

시작부	중심부 (2)

I don't

~ 안 해

076 **make pocket money**

용돈을 벌다

I used to

전에는 ~했었는데

077 **meet one's friends**

친구들을 만나다

It's time to

~할 시간[때]이야

078 **pray for someone**

기도하다

Can I ~?

~해도 돼?

079 **study the Bible**

성경을 공부하다

Can you ~?

~할 수 있어?

080 **watch American TV series**

미드를 보다

큰 소리로 세 번씩 말해 보세요.

➡ 하루 50 문장 말하기 (2)

I don't	**make pocket money**	나 용돈 안 벌어
	meet my friends	친구들 안 만나
	pray for you	널 위해서는 기도 안 해
	study the Bible	성경 공부 안 해
	watch American TV series	미드 안 봐

I used to	make pocket money	전에는 용돈 벌었었는데
	meet my friends	전에는 친구들 만났었는데
	pray for him	전에는 그를 위해 기도했었는데
	study the Bible	전에는 성경 공부했었는데
	watch American TV series	전에는 미드 봤었는데

It's time to	make pocket money	용돈 벌 시간이야
	meet my friends	내 친구들 만날 시간이야
	pray for us	우리를 위해 기도할 시간이야
	study the Bible	성경 공부할 시간이야
	watch American TV series	미드 볼 시간이야

Can I	make pocket money?	나 용돈 벌어도 돼?
	meet my friends?	친구들 만나도 돼?
	pray for them?	그들을 위해 기도해도 돼?
	study the Bible?	성경 공부해도 돼?
	watch American TV series?	미드 봐도 돼?

Can you	make pocket money?	너 용돈 벌 수 있어?
	meet my friends?	너 내 친구들 만날 수 있어?
	pray for me?	날 위해 기도할 수 있어?
	study the Bible?	성경 공부할 수 있어?
	watch American TV series?	미드 볼 수 있어?

95

좀 더 길게 말해 보기

시작부 + 중심부 뒤에 꾸밈부를 붙여서 좀 더 길게 말해 보세요.

시작부	중심부	꾸밈부

1   나 **오늘** 헤어스타일 바꿔도 돼?   today

2   **요즘은** 자원 봉사 안 해.   these days

3   전에는 **시내에서** 머리 잘랐었는데.   in downtown

4   **요즘은** 교회 안 다녀.   these days

5   **이제** 용돈 벌 때야.   now

6   **잠깐** 친구들 좀 만나도 돼?   for a while

7   너 **오늘** 성경 공부할 수 있어?   today

8   **이제** 미드 볼 시간이야.   now

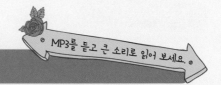
☐☐☐ Can I change my hairstyle today?

☐☐☐ I don't do volunteer work these days.

☐☐☐ I used to get a haircut in downtown.

☐☐☐ I don't go to church these days.

☐☐☐ It's time to make pocket money now.

☐☐☐ Can I meet my friends for a while?

☐☐☐ Can you study the Bible today?

☐☐☐ It's time to watch American TV series now.

빈칸에 알맞은 말을 보기 중에서 골라 넣어 보세요.

> change your hairstyle　　make pocket money
>
> do volunteer work　　pray for him　　get a haircut
>
> eat like a horse　　meet my friends　　study the Bible
>
> go to church　　watch American TV series

1. 나 요즘 많이 안 먹어.

   I don't ⟨　　　　　⟩ these days.

2. 전에는 시내에서 친구들 만났었는데.

   I used to ⟨　　　　　⟩ in downtown.

3. 지금 교회 갈 시간이야.

   It's time to ⟨　　　　　⟩ now.

4. 나 오늘 머리 잘라도 돼?

   Can I ⟨　　　　　⟩ today?

5. 너 잠깐 자원 봉사 할 수 있어?

   Can you ⟨　　　　　⟩ for a while?

450문장 마스터

Today's Expression

see a doctor

진찰을 받다

어린 시절 하얀 가운의 의사 선생님이 무시무시해 보였던 기억, 다들 있으시죠?
see a doctor는 의사를 보다, 즉 의사에게 진찰을 받는다는 뜻입니다.

STEP 1 50문장 미리보기

오늘 공부할 내용을 살펴보세요. **시작부+중심부** 또는 **시작부+중심부+꾸밈부**를
연결하면 여러 가지 문장을 만들 수 있습니다.

시작부	중심부
Will you ~? ~할 거야?	081 **bring one's laptop** 노트북을 가져오다
Do I have to ~? ~해야 해?	082 **change one's cell phone** 핸드폰을 바꾸다
Why don't you ~? ~하지 그래?, ~하는 게 어때?	083 **eat instant noodles** 라면을 먹다
Do you want to ~? ~하고 싶어?	084 **go shopping** 쇼핑하다
How often do you ~? 얼마나 자주 ~해?	085 **play the piano** 피아노를 치다

MP3 듣기

중심부	꾸밈부

086
read a novel

소설을 읽다

now

지금, 이제

087
see a doctor

진찰을 받다

today

오늘

088
send flowers

꽃을 보내다

at home

집에서

089
study Chinese

중국어를 공부하다

tomorrow

내일

090
wash one's hair

머리를 감다

with friends

친구들과

 아님 없음

101

하루 50문장 말하기

시작부와 **중심부**를 연결하여 문장을 만들어 보세요.
하루에 중심부 10개만 공부하면 시작부 5개와 결합시켜 50문장을 말할 수 있습니다.

시작부	중심부 (1)

Will you ~?

~할 거야?

081 bring one's laptop

노트북을 가져오다

Do I have to ~?

~해야 해?

082 change one's cell phone

핸드폰을 바꾸다

Why don't you ~?

~하지 그래?, ~하는 게 어때?

083 eat instant noodles

라면을 먹다

Do you want to ~?

~하고 싶어?

084 go shopping

쇼핑하다

How often do you ~?

얼마나 자주 ~해?

085 play the piano

피아노를 치다

큰 소리로 세 번씩 말해 보세요.

Will you	**bring your laptop?**	너 노트북 가져올 거야?
	change your cell phone?	핸드폰 바꿀 거야?
	eat instant noodles?	라면 먹을 거야?
	go shopping?	쇼핑할 거야?
	play the piano?	피아노 칠 거야?

Do I have to	bring my laptop?	내가 노트북 가져와야 해?
	change my cell phone?	핸드폰 바꿔야 해?
	eat instant noodles?	라면 먹어야 해?
	go shopping?	쇼핑해야 해?
	play the piano?	피아노 쳐야 해?

Why don't you	bring your laptop?	노트북 가져오는 게 어때?
	change your cell phone?	핸드폰 바꾸는 게 어때?
	eat instant noodles?	라면 먹지 그래?
	go shopping?	쇼핑하지 그래?
	play the piano?	피아노 치지 그래?

Do you want to	bring your laptop?	너 노트북 가져오고 싶어?
	change your cell phone?	핸드폰 바꾸고 싶어?
	eat instant noodles?	라면 먹고 싶어?
	go shopping?	쇼핑하고 싶어?
	play the piano?	피아노 치고 싶어?

How often do you	bring your laptop?	얼마나 자주 노트북 가져와?
	change your cell phone?	얼마나 자주 핸드폰 바꿔?
	eat instant noodles?	얼마나 자주 라면 먹어?
	go shopping?	얼마나 자주 쇼핑해?
	play the piano?	얼마나 자주 피아노 쳐?

📖 다음 페이지에 계속됩니다.

103

STEP 2-2

시작부와 **중심부**를 연결하여 문장을 만들어 보세요.

시작부	중심부 (2)
Will you ~? 〜할 거야?	086 **read a novel** 소설을 읽다
Do I have to ~? 〜해야 해?	087 **see a doctor** 진찰을 받다
Why don't you ~? 〜하지 그래?, 〜하는 게 어때?	088 **send flowers** 꽃을 보내다
Do you want to ~? 〜하고 싶어?	089 **study Chinese** 중국어를 공부하다
How often do you ~? 얼마나 자주 〜해?	090 **wash one's hair** 머리를 감다

104

큰 소리로 세 번씩 말해 보세요.

Will you	**read a novel?**	너 소설 읽을 거야?
	see a doctor?	진찰 받을 거야?
	send flowers?	꽃 보낼 거야?
	study Chinese?	중국어 공부할 거야?
	wash your hair?	머리 감을 거야?
Do I have to	read a novel?	나 소설 읽어야 해?
	see a doctor?	진찰 받아야 해?
	send flowers?	꽃 보내야 해?
	study Chinese?	중국어 공부해야 해?
	wash my hair?	머리 감아야 해?
Why don't you	read a novel?	소설 읽지 그래?
	see a doctor?	진찰 받지 그래?
	send flowers?	꽃 보내지 그래?
	study Chinese?	중국어 공부하지 그래?
	wash your hair?	머리 감지 그래?
Do you want to	read a novel?	너 소설 읽고 싶어?
	see a doctor?	진찰 받고 싶어?
	send flowers?	꽃 보내고 싶어?
	study Chinese?	중국어 공부하고 싶어?
	wash your hair?	머리 감고 싶어?
How often do you	read a novel?	얼마나 자주 소설 읽어?
	see a doctor?	얼마나 자주 진찰 받아?
	send flowers?	얼마나 자주 꽃을 보내?
	study Chinese?	얼마나 자주 중국어 공부해?
	wash your hair?	얼마나 자주 머리 감아?

좀 더 길게 말해 보기

시작부 + 중심부 뒤에 꾸밈부를 붙여서 좀 더 길게 말해 보세요.

시작부	중심부	꾸밈부

1 너 **오늘** 노트북 가져올 거야? — today

2 **오늘** 핸드폰 바꾸지 그래? — today

3 너 **지금** 라면 먹고 싶어? — now

4 **친구들이랑** 얼마나 자주 쇼핑해? — with friends

5 너 **집에서** 피아노 칠 거야? — at home

6 나 **내일** 진찰 받아야 해? — tomorrow

7 **오늘** 중국어 공부하고 싶어? — today

8 얼마나 자주 **집에서** 머리 감아? — at home

Will you bring your laptop today?

Why don't you change your cell phone today?

Do you want to eat instant noodles now?

How often do you go shopping with friends?

Will you play the piano at home?

Do I have to see a doctor tomorrow?

Do you want to study Chinese today?

How often do you wash your hair at home?

CHECK-UP

빈칸에 알맞은 말을 보기 중에서 골라 넣어 보세요.

> change your cell phone   bring my laptop
>
> see a doctor   read a novel   play the piano
>
> go shopping   wash my hair   send flowers
>
> study Chinese   eat instant noodles

1. 너 내일 핸드폰 바꿀 거야?

   Will you ⟨   ⟩ **tomorrow?**

2. 나 오늘 진찰 받아야 해?

   Do I have to ⟨   ⟩ **today?**

3. 친구들과 쇼핑하지 그래?

   Why don't you ⟨   ⟩ **with friends?**

4. 너 지금 소설 읽고 싶어?

   Do you want to ⟨   ⟩ **now?**

5. 얼마나 자주 집에서 피아노 쳐?

   How often do you ⟨   ⟩ **at home?**

1. change your cell phone   2. see a doctor   3. go shopping   4. read a novel   5. play the piano

📖 복습 훈련 238쪽

500문장 마스터

Today's Expression

keep a pet dog

강아지를 키우다

애완동물을 pet이라고 합니다.
만약 그냥 dog이라면 집에서 키우는 강아지 느낌이 들지 않겠죠?

STEP 1

50문장 미리보기

오늘 공부할 내용을 살펴보세요. **시작부+중심부** 또는 **시작부+중심부+꾸밈부**를 연결하면 여러 가지 문장을 만들 수 있습니다.

시작부	중심부
Did you ~? ~했어?	091 **buy a car** 차를 사다
I didn't ~ 안 했어	092 **eat pizza** 피자를 먹다
I couldn't ~할 수 없었어	093 **hear the news** 소식을 듣다
I told you to 내가 ~하라고 했잖아	094 **join a club** 클럽[동호회]에 가입하다
I (과거형) ~했어	095 **keep a pet dog** 강아지를 키우다

110

중심부	꾸밈부
096 learn to drive 운전을 배우다	**today** 오늘
097 make a deposit 예금하다	**all day** 하루 종일
098 read music 악보를 읽다	**yesterday** 어제
099 run a marathon 마라톤을 뛰다	**last weekend** 지난 주말
100 teach children 아이들을 가르치다	**this morning** 오늘 아침

Speak out

STEP 2-1

하루 50문장 말하기

시작부와 **중심부**를 연결하여 문장을 만들어 보세요.
하루에 중심부 10개만 공부하면 시작부 5개와 결합시켜 50문장을 말할 수 있습니다.

시작부	중심부 (1)

Did you ~?

~했어?

091
buy a car

차를 사다

I didn't

~ 안 했어

092
eat pizza

피자를 먹다

I couldn't

~할 수 없었어

093
hear the news

소식을 듣다

I told you to

내가 ~하라고 했잖아

094
join a club

클럽[동호회]에 가입하다

I (과거형)

~했어

095
keep a pet dog

강아지를 키우다

큰 소리로 세 번씩 말해 보세요.

Did you	**buy a car?**	너 차 샀어?
	eat pizza?	피자 먹었어?
	hear the news?	소식 들었어?
	join a club?	클럽에 가입했어?
	keep a pet dog?	강아지 키웠어?

I didn't	buy a car	나 차 안 샀어
	eat pizza	피자 안 먹었어
	hear the news	소식 안 들었어
	join a club	클럽에 가입하지 않았어
	keep a pet dog	강아지 키우지 않았어

I couldn't	buy a car	난 차를 살 수 없었어
	eat pizza	피자를 먹을 수 없었어
	hear the news	소식을 들을 수 없었어
	join a club	클럽에 가입할 수 없었어
	keep a pet dog	강아지를 키울 수 없었어

I told you to	buy a car	내가 차 사라고 말했잖아
	eat pizza	피자 먹으라고 말했잖아
	hear the news	소식 들으라고 말했잖아
	join a club	클럽에 가입하라고 말했잖아
	keep a pet dog	강아지 키우라고 말했잖아

I (과거형)	bought a car	나 차 샀어
	ate pizza	피자 먹었어
	heard the news	소식 들었어
	joined a club	클럽 가입했어
	kept a pet dog	강아지 키웠어

다음 페이지에 계속됩니다.

113

시작부와 **중심부**를 연결하여 문장을 만들어 보세요.

시작부	중심부 (2)
Did you ~? ~했어?	096 **learn to drive** 운전을 배우다
I didn't ~ 안 했어	097 **make a deposit** 예금하다
I couldn't ~할 수 없었어	098 **read music** 악보를 읽다
I told you to 내가 ~하라고 했잖아	099 **run a marathon** 마라톤을 뛰다
I (과거형) ~했어	100 **teach children** 아이들을 가르치다

 하루 50 문장 말하기 (2)

 큰 소리로 세 번씩 말해 보세요.

□□□	**Did you**	**learn to drive?**	너 운전 배웠어?
□□□		make a deposit?	예금했어?
□□□		read music?	악보 읽었어?
□□□		run a marathon?	마라톤 뛰었어?
□□□		teach children?	아이들 가르쳤어?
□□□	**I didn't**	learn to drive	나 운전 안 배웠어
□□□		**make a deposit**	예금 안 했어
□□□		read music	악보 안 읽었어
□□□		run a marathon	마라톤 안 뛰었어
□□□		teach children	아이들 가르치지 않았어
□□□	**I couldn't**	learn to drive	난 운전 배울 수 없었어
□□□		make a deposit	예금할 수 없었어
□□□		**read music**	악보 읽을 수 없었어
□□□		run a marathon	마라톤 뛸 수 없었어
□□□		teach children	아이들 가르칠 수 없었어
□□□	**I told you to**	learn to drive	내가 운전 배우라고 말했잖아
□□□		make a deposit	예금하라고 말했잖아
□□□		read music	악보 읽으라고 말했잖아
□□□		**run a marathon**	마라톤 뛰라고 말했잖아
□□□		teach children	아이들을 가르치라고 말했잖아
□□□	**I** (과거형)	learned to drive	나 운전 배웠어
□□□		made a deposit	예금했어
□□□		read music	악보 읽었어
□□□		ran a marathon	마라톤 뛰었어
□□□		**taught children**	아이들 가르쳤어

시작부	중심부	꾸밈부

1 나 **지난 주말에** 차 안 샀어. → last weekend

2 나 **오늘** 피자 먹었어. → today

3 너 **어제** 소식 들었어? → yesterday

4 난 **어제** 클럽에 가입할 수 없었어. → yesterday

5 나 **하루 종일** 운전 배웠어. → all day

6 내가 **어제** 예금하라고 말했잖아. → yesterday

7 너 **오늘 아침에** 악보 읽었어? → this morning

8 너 **지난 주말에** 마라톤 뛰었어? → last weekend

 MP3를 듣고 큰 소리로 읽어 보세요.

☐☐☐ I didn't buy a car last weekend.

☐☐☐ I ate pizza today.

☐☐☐ Did you hear the news yesterday?

☐☐☐ I couldn't join a club yesterday.

☐☐☐ I learned to drive all day.

☐☐☐ I told you to make a deposit yesterday.

☐☐☐ Did you read music this morning?

☐☐☐ Did you run a marathon last weekend?

빈칸에 알맞은 말을 보기 중에서 골라 넣어 보세요.

keep a pet dog   run a marathon

hear the news   eat pizza   join a club

learn to drive   make a deposit   read music

buy a car   taught children

1. 너 오늘 아침에 예금했어?

   Did you ⟨＿＿＿＿＿⟩ **this morning?**

2. 난 지난 주말에 마라톤 안 뛰었어.

   I didn't ⟨＿＿＿＿＿⟩ **last weekend.**

3. 난 오늘 차를 살 수 없었어.

   I couldn't ⟨＿＿＿＿＿⟩ **today.**

4. 내가 어제 클럽에 가입하라고 말했잖아.

   I told you to ⟨＿＿＿＿＿⟩ **yesterday.**

5. 나 하루 종일 아이들 가르쳤어.

   I ⟨＿＿＿＿＿⟩ **all day.**

1. make a deposit 2. run a marathon 3. buy a car 4. join a club 5. taught children

📙 복습 훈련 240쪽

118

550문장 마스터

앱다 매워~

eat spicy food

매운 음식을 먹다

spicy는 '뜨거운', '양념 맛이 강한', '약간 충격적인'이라는 뜻도 있답니다.
스트레스 받을 때, 화끈하게 매운 음식으로 풀면 어떨까요?

50문장 미리보기

오늘 공부할 내용을 살펴보세요. **시작부+중심부** 또는 **시작부+중심부+꾸밈부**를 연결하면 여러 가지 문장을 만들 수 있습니다.

시작부	중심부
I 나 ~해	101 **call a doctor** 의사를 부르다
Let's ~하자	102 **eat spicy food** 매운 음식을 먹다
I will ~할 거야	103 **have surgery** 수술을 받다
I can ~할 수 있어	104 **go hiking** 등산을 가다
Don't ~하지 마	105 **learn to swim** 수영을 배우다

중심부	꾸밈부
106 pay utility bills 공과금을 납부하다	**today** 오늘
107 read the subtitles 자막을 읽다	**every day** 매일
108 use hairspray 헤어스프레이를 쓰다	**if you want** 네가 원한다면
109 wait for a friend 친구를 기다리다	**over and over** 반복해서, 계속해서
110 write a review 리뷰를 쓰다	**in the morning** 아침에

STEP 2-1 하루 50문장 말하기

시작부와 중심부를 연결하여 문장을 만들어 보세요.
하루에 중심부 10개만 공부하면 시작부 5개와 결합시켜 50문장을 말할 수 있습니다.

시작부	중심부 (1)
I 나 ~해	101 **call a doctor** 의사를 부르다
Let's ~하자	102 **eat spicy food** 매운 음식을 먹다
I will ~할 거야	103 **have surgery** 수술을 받다
I can ~할 수 있어	104 **go hiking** 등산을 가다
Don't ~하지 마	105 **learn to swim** 수영을 배우다

하루 50 문장 말하기 (1)

☐☐☐	**I**	**call a doctor**	나 의사 불러
☐☐☐		eat spicy food	매운 음식 먹어
☐☐☐		have surgery	수술 받아
☐☐☐		go hiking	등산 가
☐☐☐		learn to swim	수영 배워
☐☐☐	**Let's**	call a doctor	우리 의사 부르자
☐☐☐		**eat spicy food**	매운 음식 먹자
☐☐☐		have surgery	수술 받자
☐☐☐		go hiking	등산 가자
☐☐☐		learn to swim	수영 배우자
☐☐☐	**I will**	call a doctor	난 의사 부를 거야
☐☐☐		eat spicy food	매운 음식 먹을 거야
☐☐☐		**have surgery**	수술 받을 거야
☐☐☐		go hiking	등산 갈 거야
☐☐☐		learn to swim	수영 배울 거야
☐☐☐	**I can**	call a doctor	난 의사 부를 수 있어
☐☐☐		eat spicy food	매운 음식 먹을 수 있어
☐☐☐		have surgery	수술 받을 수 있어
☐☐☐		**go hiking**	등산 갈 수 있어
☐☐☐		learn to swim	수영 배울 수 있어
☐☐☐	**Don't**	call a doctor	의사 부르지 마
☐☐☐		eat spicy food	매운 음식 먹지 마
☐☐☐		have surgery	수술 받지 마
☐☐☐		go hiking	등산 가지 마
☐☐☐		**learn to swim**	수영 배우지 마

다음 페이지에 계속됩니다.

123

STEP 2-2 시작부와 중심부를 연결하여 문장을 만들어 보세요.

시작부	중심부 (2)
I 나 ~해	106 **pay utility bills** 공과금을 납부하다
Let's ~하자	107 **read the subtitles** 자막을 읽다
I will ~할 거야	108 **use hairspray** 헤어스프레이를 쓰다
I can ~할 수 있어	109 **wait for a friend** 친구를 기다리다
Don't ~하지 마	110 **write a review** 리뷰를 쓰다

☐☐☐	**I**	**pay utility bills**	나 공과금 납부해
☐☐☐		read the subtitles	자막 읽어
☐☐☐		use hairspray	헤어스프레이 써
☐☐☐		wait for a friend	친구 기다려
☐☐☐		write a review	리뷰 써
☐☐☐	**Let's**	pay utility bills	우리 공과금 납부하자
☐☐☐		**read the subtitles**	자막 읽자
☐☐☐		use hairspray	헤어스프레이 쓰자
☐☐☐		wait for a friend	친구 기다리자
☐☐☐		write a review	리뷰 쓰자
☐☐☐	**I will**	pay utility bills	난 공과금 납부할 거야
☐☐☐		read the subtitles	자막 읽을 거야
☐☐☐		**use hairspray**	헤어스프레이 쓸 거야
☐☐☐		wait for a friend	친구 기다릴 거야
☐☐☐		write a review	리뷰 쓸 거야
☐☐☐	**I can**	pay utility bills	난 공과금 납부할 수 있어
☐☐☐		read the subtitles	자막 읽을 수 있어
☐☐☐		use hairspray	헤어스프레이 쓸 수 있어
☐☐☐		**wait for a friend**	친구 기다릴 수 있어
☐☐☐		write a review	리뷰 쓸 수 있어
☐☐☐	**Don't**	pay utility bills	공과금 납부하지 마
☐☐☐		read the subtitles	자막 읽지 마
☐☐☐		use hairspray	헤어스프레이 쓰지 마
☐☐☐		wait for a friend	친구 기다리지 마
☐☐☐		**write a review**	리뷰 쓰지 마

125

좀 더 길게 말해 보기

시작부 + 중심부 뒤에 꾸밈부를 붙여서 좀 더 길게 말해 보세요.

시작부	중심부	꾸밈부

1 **네가 원한다면** 의사 부를게.　　　　if you want

2 **오늘** 매운 음식 먹지 마.　　　　today

3 난 **아침에** 등산 가.　　　　in the morning

4 우리 **오늘** 수술 받자.　　　　today

5 나 **매일** 수영 배워.　　　　every day

6 난 **오늘** 공과금 낼 거야.　　　　today

7 **아침에** 헤어스프레이 쓰지 마.　　　　in the morning

8 **반복해서** 리뷰 쓰지 마.　　　　over and over

☐☐☐ I will call a doctor if you want.

☐☐☐ Don't eat spicy food today.

☐☐☐ I go hiking in the morning.

☐☐☐ Let's have surgery today.

☐☐☐ I learn to swim every day.

☐☐☐ I will pay utility bills today.

☐☐☐ Don't use hairspray in the morning.

☐☐☐ Don't write a review over and over.

빈칸에 알맞은 말을 보기 중에서 골라 넣어 보세요.

go hiking	read the subtitles
write a review	call a doctor	have surgery
use hairspray	eat spicy food	learn to swim
pay utility bills	wait for a friend

1. 나 아침에 등산 가.

    I ⟨　　　　　　　　⟩ in the morning.

2. 우리 오늘 매운 음식 먹자.

    Let's ⟨　　　　　　　　⟩ today.

3. 네가 원한다면 의사를 부를게.

    I will ⟨　　　　　　　　⟩ if you want.

4. 난 매일 리뷰 쓸 수 있어.

    I can ⟨　　　　　　　　⟩ every day.

5. 반복해서 자막 읽지 마.

    Don't ⟨　　　　　　　　⟩ over and over.

1. go hiking 2. eat spicy food 3. call a doctor 4. write a review 5. read the subtitles

복습 훈련 242쪽

128

DAY 12

600문장 마스터

Today's Expression

go out with someone

누군가와 사귀다

누군가에게 I want to go out with you. (나 너랑 사귀고 싶어.)라고
용기 내어 말해 보세요.

50문장 미리보기

오늘 공부할 내용을 살펴보세요. **시작부+중심부** 또는 **시작부+중심부+꾸밈부**를
연결하면 여러 가지 문장을 만들 수 있습니다.

시작부	중심부

Please

~해 주세요

111 **attend the wedding**

결혼식에 참석하다

I won't

~ 안 할 거야

112 **change one's phone number**

전화번호를 바꾸다

I have to

~해야 해

113 **eat like a bird**

적게 먹다

I want to

~하고 싶어

114 **get married**

결혼하다

I don't want to

~하고 싶지 않아

115 **go out with someone**

~와 사귀다

중심부	꾸밈부
116 wear a mask 마스크를 쓰다	**now** 지금, 이제
117 park one's car (차를) 주차하다	**today** 오늘
118 read a magazine 잡지를 읽다	**with you** 너와
119 remove makeup 화장을 지우다	**this weekend** 이번 주말
120 stay home 집에 있다	**from now on** 이제부터, 지금부터

131

speak out

하루 50문장 말하기

시작부와 **중심부**를 연결하여 문장을 만들어 보세요.
하루에 중심부 10개만 공부하면 시작부 5개와 결합시켜 50문장을 말할 수 있습니다.

시작부	중심부 (1)

Please
~해 주세요

111
attend the wedding
결혼식에 참석하다

I won't
~ 안 할 거야

112
change one's phone number
전화번호를 바꾸다

I have to
~해야 해

113
eat like a bird
적게 먹다

I want to
~하고 싶어

114
get married
결혼하다

I don't want to
~하고 싶지 않아

115
go out with someone
~와 사귀다

132

하루 50 문장 말하기 (1)

	Please	**attend the wedding**	결혼식에 참석하세요
		change your phone number	전화번호 바꾸세요
		eat like a bird	적게 드세요
		get married	결혼하세요
		go out with him	그 남자와 사귀세요

	I won't	attend the wedding	나 결혼식 참석 안 할 거야
		change my phone number	전화번호 안 바꿀 거야
		eat like a bird	적게 먹지 않을 거야
		get married	결혼 안 할 거야
		go out with him	그 남자랑 사귀지 않을 거야

	I have to	attend the wedding	나 결혼식에 참석해야 해
		change my phone number	전화번호 바꿔야 해
		eat like a bird	적게 먹어야 해
		get married	결혼해야 해
		go out with him	그 남자랑 사귀어야 해

	I want to	attend the wedding	나 결혼식에 참석하고 싶어
		change my phone number	전화번호 바꾸고 싶어
		eat like a bird	적게 먹고 싶어
		get married	결혼하고 싶어
		go out with you	너랑 사귀고 싶어

	I don't want to	attend the wedding	결혼식에 참석하고 싶지 않아
		change my phone number	전화번호 바꾸고 싶지 않아
		eat like a bird	적게 먹고 싶지 않아
		get married	결혼하고 싶지 않아
		go out with you	너랑 사귀고 싶지 않아

다음 페이지에 계속됩니다.

133

시작부와 중심부를 연결하여 문장을 만들어 보세요.

시작부	중심부 (2)

Please

~해 주세요

116
wear a mask

마스크를 쓰다

I won't

~ 안 할 거야

117
park one's car

(차를) 주차하다

I have to

~해야 해

118
read a magazine

잡지를 읽다

I want to

~하고 싶어

119
remove makeup

화장을 지우다

I don't want to

~하고 싶지 않아

120
stay home

집에 있다

☐☐☐	**Please**	**wear a mask**	마스크를 쓰세요
☐☐☐		park your car	(차) 주차하세요
☐☐☐		read a magazine	잡지를 읽으세요
☐☐☐		remove makeup	화장을 지우세요
☐☐☐		stay home	집에 있으세요
☐☐☐	**I won't**	wear a mask	마스크를 쓰지 않을 거야
☐☐☐		**park my car**	주차 안 할 거야
☐☐☐		read a magazine	잡지 안 읽을 거야
☐☐☐		remove makeup	화장 안 지울 거야
☐☐☐		stay home	집에 안 있을 거야
☐☐☐	**I have to**	wear a mask	마스크를 써야 해
☐☐☐		park my car	주차해야 해
☐☐☐		**read a magazine**	잡지 읽어야 해
☐☐☐		remove makeup	화장 지워야 해
☐☐☐		stay home	집에 있어야 해
☐☐☐	**I want to**	wear a mask	마스크를 쓰고 싶어
☐☐☐		park my car	주차하고 싶어
☐☐☐		read a magazine	잡지 읽고 싶어
☐☐☐		**remove makeup**	화장 지우고 싶어
☐☐☐		stay home	집에 있고 싶어
☐☐☐	**I don't want to**	wear a mask	마스크를 쓰고 싶지 않아
☐☐☐		park my car	주차하고 싶지 않아
☐☐☐		read a magazine	잡지 읽고 싶지 않아
☐☐☐		remove makeup	화장 지우고 싶지 않아
☐☐☐		**stay home**	집에 있고 싶지 않아

좀 더 길게 말해 보기

시작부 + 중심부 뒤에 **꾸밈부**를 붙여서 좀 더 길게 말해 보세요.

시작부	중심부	꾸밈부

1 나 **이번 주말에** 결혼식에 참석해야 해.   this weekend

2 나 **이제부터** 전화번호 안 바꿀 거야.   from now on

3 나 **오늘** 적게 먹고 싶지 않아.   today

4 **이제** 너랑 사귀고 싶어.   now

5 **지금** 주차하세요.   now

6 **지금은** 잡지 읽고 싶지 않아.   now

7 **지금** 화장 안 지울 거야.   now

8 **오늘** 집에 있으세요.   today

☐☐☐ I have to attend the wedding this weekend.

☐☐☐ I won't change my phone number from now on.

☐☐☐ I don't want to eat like a bird today.

☐☐☐ I want to go out with you now.

☐☐☐ Please park your car now.

☐☐☐ I don't want to read a magazine now.

☐☐☐ I won't remove makeup now.

☐☐☐ Please stay home today.

빈칸에 알맞은 말을 보기 중에서 골라 넣어 보세요.

change my phone number	attend the wedding
park one's car	stay home	wear a mask
remove makeup	eat like a bird	get married
go out with	read a magazine

1. 이제부터 집에 있으세요.

   Please ⟨ ⟩ **from now on.**

2. 나 오늘 집에 안 있을 거야.

   I won't ⟨ ⟩ **today.**

3. 나 지금 화장 지워야 해.

   I have to ⟨ ⟩ **now.**

4. 나 너랑 사귀고 싶어.

   I want to ⟨ ⟩ **you.**

5. 나 이번 주말에 결혼식에 참석하고 싶지 않아.

   I don't want to ⟨ ⟩ **this weekend.**

1. stay home   2. stay home   3. remove makeup   4. go out with   5. attend the wedding

복습 훈련 244쪽

650문장 마스터

work out

운동하다

exercise는 '운동하다', '연습문제를 풀다'라는 의미로 약간 딱딱한 뉘앙스가 있어요.
실제 미국 gym(헬스클럽)에서 운동할 때는 work out을 훨씬 더 많이 사용한답니다.

50문장 미리보기

오늘 공부할 내용을 살펴보세요. **시작부+중심부** 또는 **시작부+중심부+꾸밈부**를
연결하면 여러 가지 문장을 만들 수 있습니다.

시작부	중심부

I don't

~ 안 해

121 **draw a picture**

그림을 그리다

I used to

전에는 ~했었는데(지금은 안 함)

122 **go fishing**

낚시를 가다

It's time to

~할 시간[때]이야

123 **listen to music**

음악을 듣다

Can I ~?

~해도 돼?

124 **make food**

음식을 만들다

Can you ~?

~할 수 있어?

125 **play the guitar**

기타를 치다

중심부	꾸밈부
126 read a book 책을 읽다	**now** 지금, 이제
127 ride a motorbike 오토바이를 타다	**today** 오늘
128 see a baseball game 야구 경기를 보다	**at home** 집에서
129 watch TV 텔레비전을 보다	**for a while** 잠깐, 한동안
130 work out 운동하다	**at the park** 공원에서

STEP 2-1 하루 50문장 말하기

시작부와 **중심부**를 연결하여 문장을 만들어 보세요.
하루에 중심부 10개만 공부하면 시작부 5개와 결합시켜 50문장을 말할 수 있습니다.

시작부	중심부 (1)
I don't ~ 안 해	121 **draw a picture** 그림을 그리다
I used to 전에는 ~했었는데	122 **go fishing** 낚시를 가다
It's time to ~할 시간[때]이야	123 **listen to music** 음악을 듣다
Can I ~? ~해도 돼?	124 **make food** 음식을 만들다
Can you ~? ~할 수 있어?	125 **play the guitar** 기타를 치다

142

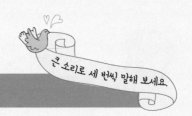

☐☐☐	**I don't**	**draw a picture**	나 그림 안 그려
☐☐☐		go fishing	낚시 안 가
☐☐☐		listen to music	음악 안 들어
☐☐☐		make food	음식 안 만들어
☐☐☐		play the guitar	기타 안 쳐
☐☐☐	**I used to**	draw a picture	전에는 그림 그렸었는데
☐☐☐		**go fishing**	전에는 낚시 갔었는데
☐☐☐		listen to music	전에는 음악 들었었는데
☐☐☐		make food	전에는 음식 만들었었는데
☐☐☐		play the guitar	전에는 기타 쳤었는데
☐☐☐	**It's time to**	draw a picture	그림 그릴 시간이야
☐☐☐		go fishing	낚시 갈 시간이야
☐☐☐		**listen to music**	음악 들을 시간이야
☐☐☐		make food	음식 만들 시간이야
☐☐☐		play the guitar	기타 칠 시간이야
☐☐☐	**Can I**	draw a picture?	나 그림 그려도 돼?
☐☐☐		go fishing?	낚시 가도 돼?
☐☐☐		listen to music?	음악 들어도 돼?
☐☐☐		**make food?**	음식 만들어도 돼?
☐☐☐		play the guitar?	기타 쳐도 돼?
☐☐☐	**Can you**	draw a picture?	너 그림 그릴 수 있어?
☐☐☐		go fishing?	낚시 갈 수 있어?
☐☐☐		listen to music?	음악 들을 수 있어?
☐☐☐		make food?	음식 만들 수 있어?
☐☐☐		**play the guitar?**	기타 칠 수 있어?

📖 다음 페이지에 계속됩니다.

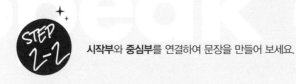

STEP
2-2

시작부와 **중심부**를 연결하여 문장을 만들어 보세요.

시작부	중심부 (2)

I don't

~ 안 해

126
read a book

책을 읽다

I used to

전에는 ~했었는데

127
ride a motorbike

오토바이를 타다

It's time to

~할 시간[때]이야

128
see a baseball game

야구 경기를 보다

Can I ~?

~해도 돼?

129
watch TV

텔레비전을 보다

Can you ~?

~할 수 있어?

130
work out

운동하다

I don't	**read a book**	나 책 안 읽어
	ride a motorbike	오토바이 안 타
	see a baseball game	야구 경기 안 봐
	watch TV	텔레비전 안 봐
	work out	운동 안 해
I used to	read a book	전에는 책 읽었었는데
	ride a motorbike	전에는 오토바이 탔었는데
	see a baseball game	전에는 야구 경기 봤었는데
	watch TV	전에는 텔레비전 봤었는데
	work out	전에는 운동했었는데
It's time to	read a book	책 읽을 시간이야
	ride a motorbike	오토바이 탈 시간이야
	see a baseball game	야구 경기 볼 시간이야
	watch TV	텔레비전 볼 시간이야
	work out	운동할 시간이야
Can I	read a book?	나 책 읽어도 돼?
	ride a motorbike?	오토바이 타도 돼?
	see a baseball game?	야구 경기 봐도 돼?
	watch TV?	텔레비전 봐도 돼?
	work out?	운동해도 돼?
Can you	read a book?	너 책 읽을 수 있어?
	ride a motorbike?	오토바이 탈 수 있어?
	see a baseball game?	야구 경기 볼 수 있어?
	watch IV?	텔레비전 볼 수 있어?
	work out?	운동할 수 있어?

시작부	중심부	꾸밈부

1 전에는 **공원에서** 그림 그렸었는데.   **at the park**

2 너 **오늘** 낚시 갈 수 있어?   **today**

3 **이제** 음식 만들 시간이야.   **now**

4 전에는 **공원에서** 기타 쳤었는데.   **at the park**

5 **이제** 책 읽을 시간이야.   **now**

6 너 **오늘** 야구 경기 볼 수 있어?   **today**

7 나 **잠깐** 텔레비전 봐도 돼?   **for a while**

8 난 **집에서** 운동 안 해.   **at home**

I used to draw a picture at the park.

Can you go fishing today?

It's time to make food now.

I used to play the guitar at the park.

It's time to read a book now.

Can you see a baseball game today?

Can I watch TV for a while?

I don't work out at home.

147

빈칸에 알맞은 말을 보기 중에서 골라 넣어 보세요.

see a baseball game	ride a motorbike
play the guitar	go fishing	make food
read a book	draw a picture	work out
watch TV	listen to music

1. 나 집에서 기타 안 쳐.

   I don't ⟨_____⟩ **at home.**

2. 전에는 공원에서 음악 들었는데.

   I used to ⟨_____⟩ **at the park.**

3. 이제 책 읽을 시간이야.

   It's time to ⟨_____⟩ **now.**

4. 나 오늘 낚시 가도 돼?

   Can I ⟨_____⟩ **today?**

5. 너 지금 음식 만들 수 있어?

   Can you ⟨_____⟩ **now?**

1. play the guitar 2. listen to music 3. read a book 4. go fishing 5. make food

700문장 마스터

have a blind date

소개팅하다

blind는 '눈이 먼' 또는 '장님'이라는 뜻이에요.
안대를 쓰고서 처음 만나는 상대의 얼굴을 상상하는 모습을 생각해 보면
blind date의 의미를 짐작할 수 있을 거예요.

STEP 1

50문장 미리보기

오늘 공부할 내용을 살펴보세요. **시작부+중심부** 또는 **시작부+중심부+꾸밈부**를
연결하면 여러 가지 문장을 만들 수 있습니다.

시작부	중심부
Will you ~? ～할 거야?	131 **ask someone for a date** ～에게 데이트 신청하다
Do I have to ~? ～해야 해?	132 **buy lunch** 점심을 사다
Why don't you ~? ～하지 그래?, ～하는 게 어때?	133 **cut the bangs** 앞머리를 자르다
Do you want to ~? ～하고 싶어?	134 **eat spaghetti** 스파게티를 먹다
How often do you ~? 얼마나 자주 ～해?	135 **go to the movies** 극장에 가다

150

중심부	꾸밈부
136 have a blind date	**today**
소개팅하다	오늘
137 keep one's promise	**outside**
약속을 지키다	밖에
138 put on makeup	**tomorrow**
화장하다	내일
139 see a play	**with friends**
연극을 보다	친구들과
140 walk arm in arm	**this weekend**
팔짱을 끼고 걷다	이번 주말

하루 50문장 말하기

시작부와 **중심부**를 연결하여 문장을 만들어 보세요.
하루에 중심부 10개만 공부하면 시작부 5개와 결합시켜 50문장을 말할 수 있습니다.

시작부	중심부 (1)

Will you ~?

~할 거야?

131
ask someone for a date

~에게 데이트 신청하다

Do I have to ~?

~해야 해?

132
buy lunch

점심을 사다

Why don't you ~?

~하지 그래?, ~하는 게 어때?

133
cut the bangs

앞머리를 자르다

Do you want to ~?

~하고 싶어?

134
eat spaghetti

스파게티를 먹다

How often do you ~?

얼마나 자주 ~해?

135
go to the movies

극장에 가다

하루 50 문장 말하기 (1)

Will you	**ask her for a date?**	너 그녀에게 데이트 신청할 거야?
	buy lunch?	네가 점심 살 거야?
	cut the bangs?	앞머리 자를 거야?
	eat spaghetti?	스파게티 먹을 거야?
	go to the movies?	극장 갈 거야?

Do I have to	ask him for a date?	내가 그에게 데이트 신청해야 해?
	buy lunch?	점심 사야 해?
	cut the bangs?	앞머리 잘라야 해?
	eat spaghetti?	스파게티 먹어야 해?
	go to the movies?	극장에 가야 해?

Why don't you	ask her for a date?	그녀에게 데이트 신청하지 그래?
	buy lunch?	점심 사지 그래?
	cut the bangs?	앞머리 자르지 그래?
	eat spaghetti?	스파게티 먹는 게 어때?
	go to the movies?	극장 가지 그래?

Do you want to	ask him for a date?	너 그에게 데이트 신청하고 싶어?
	buy lunch?	점심 사고 싶어?
	cut the bangs?	앞머리 자르고 싶어?
	eat spaghetti?	스파게티 먹고 싶어?
	go to the movies?	극장 가고 싶어?

How often do you	ask women for a date?	얼마나 자주 여자들에게 데이트 신청해?
	buy lunch?	얼마나 자주 점심 사?
	cut the bangs?	얼마나 자주 앞머리 잘라?
	eat spaghetti?	얼마나 자주 스파게티 먹어?
	go to the movies?	얼마나 자주 극장 가?

다음 페이지에 계속됩니다.

시작부	중심부 (2)

Will you ~?

~할 거야?

136
have a blind date

소개팅하다

Do I have to ~?

~해야 해?

137
keep one's promise

약속을 지키다

Why don't you ~?

~하지 그래?, ~하는 게 어때?

138
put on makeup

화장하다

Do you want to ~?

~하고 싶어?

139
see a play

연극을 보다

How often do you ~?

얼마나 자주 ~해?

140
walk arm in arm

팔짱을 끼고 걷다

 하루 **50** 문장 말하기 (2)

 큰 소리로 세 번씩 말해 보세요.

Will you	**have a blind date?**	너 소개팅할 거야?
	keep your promise?	약속 지킬 거야?
	put on makeup?	화장할 거야?
	see a play?	연극 볼 거야?
	walk arm in arm?	팔짱 끼고 걸을 거야?

Do I have to	have a blind date?	나 소개팅해야 해?
	keep my promise?	약속 지켜야 해?
	put on makeup?	화장해야 해?
	see a play?	연극 봐야 해?
	walk arm in arm?	팔짱 끼고 걸어야 해?

Why don't you	have a blind date?	소개팅하지 그래?
	keep your promise?	약속 지키는 게 어때?
	put on makeup?	화장하지 그래?
	see a play?	연극 보지 그래?
	walk arm in arm?	팔짱 끼고 걷는 게 어때?

Do you want to	have a blind date?	너 소개팅하고 싶어?
	keep your promise?	약속 지키고 싶어?
	put on makeup?	화장하고 싶어?.
	see a play?	연극 보고 싶어?
	walk arm in arm?	팔짱 끼고 걷고 싶어?

How often do you	have a blind date?	얼마나 자주 소개팅해?
	keep your promise?	얼마나 자주 약속 지켜?
	put on makeup?	얼마나 자주 화장해?
	see a play?	얼마나 자주 연극 봐?
	walk arm in arm?	얼마나 자주 팔짱 끼고 걸어?

좀 더 길게 말해 보기
시작부 + 중심부 뒤에 **꾸밈부**를 붙여서 좀 더 길게 말해 보세요.

시작부	중심부	꾸밈부

1 **내일** 그녀에게 데이트 신청하지 그래? — tomorrow

2 내가 **오늘** 점심 사야 해? — today

3 너 **이번 주말에** 앞머리 자를 거야? — this weekend

4 너 **밖에서** 스파게티 먹고 싶어? — outside

5 **친구들과** 얼마나 자주 극장에 가? — with friends

6 너 **이번 주말에** 소개팅할 거야? — this weekend

7 얼마나 자주 **친구들이랑** 연극 봐? — with friends

8 **오늘** 팔짱 끼고 걷는 게 어때? — today

Why don't you ask her for a date tomorrow?

Do I have to buy lunch today?

Will you cut the bangs this weekend?

Do you want to eat spaghetti outside?

How often do you go to the movies with friends?

Will you have a blind date this weekend?

How often do you see a play with friends?

Why don't you walk arm in arm today?

157

CHECK-UP

빈칸에 알맞은 말을 보기 중에서 골라 넣어 보세요.

> ask her for a date   keep your promise
>
> put on makeup   buy lunch   see a play
>
> walk arm in arm   cut the bangs   eat spaghetti
>
> have a blind date   go to the movies

1. 너 이번 주말에 소개팅할 거야?

    Will you < _____ > **this weekend?**

2. 내가 오늘 앞머리 잘라야 해?

    Do I have to < _____ > **today?**

3. 내일 팔짱 끼고 걸어 보지 그래?

    Why don't you < _____ > **tomorrow?**

4. 너 오늘 스파게티 먹고 싶어?

    Do you want to < _____ > **today?**

5. 얼마나 자주 친구들이랑 연극 봐?

    How often do you < _____ > **with friends?**

1. have a blind date 2. cut the bangs 3. walk arm in arm 4. eat spaghetti 5. see a play

복습 훈련 248쪽

158

750문장 마스터

Today's Expression

play the field

여러 명 가볍게 만나다

19세기 경마에서 도박꾼이 높은 배당을 받기 위해
필드에서 뛰고 있는 여러 말들에게 차례로 돈을 걸던 관행에서 유래한 표현입니다.

Preview

STEP 1

50문장 미리보기

오늘 공부할 내용을 살펴보세요. **시작부+중심부** 또는 **시작부+중심부+꾸밈부**를 연결하면 여러 가지 문장을 만들 수 있습니다.

시작부	중심부
Did you ~? ~했어?	141 **get along with someone** ~와 잘 지내다
I didn't ~ 안 했어	142 **go for a drive** 드라이브 가다
I couldn't ~할 수 없었어	143 **hold one's hand** ~의 손을 잡다
I told you to 내가 ~하라고 했잖아	144 **learn to cook** 요리를 배우다
I (과거형) ~했어	145 **get a boyfriend** 남자친구를 만들다

MP3 듣기

중심부	꾸밈부

146 pay together
(돈을) 같이 내다

today
오늘

147 play the field
여러 명 가볍게 만나다

yesterday
어제

148 propose to someone
〜에게 고백하다

last night
어젯밤

149 stay young
젊게 지내다

for a while
잠깐, 한동안

150 take someone home
〜를 집에 데려다 주다

over and over
반복해서, 계속해서

STEP 2-1 하루 50문장 말하기

시작부와 **중심부**를 연결하여 문장을 만들어 보세요.
하루에 중심부 10개만 공부하면 시작부 5개와 결합시켜 50문장을 말할 수 있습니다.

시작부	중심부 (1)

Did you ~?
~했어?

141
get along with someone
~와 잘 지내다

I didn't
~ 안 했어

142
go for a drive
드라이브 가다

I couldn't
~할 수 없었어

143
hold one's hand
~의 손을 잡다

I told you to
내가 ~하라고 했잖아

144
learn to cook
요리를 배우다

I (과거형)
~했어

145
get a boyfriend
남자친구를 만들다

162

큰 소리로 세 번씩 말해 보세요.

Did you	**get along with her?**	너 그녀랑 잘 지냈어?
	go for a drive?	드라이브 갔어?
	hold her hand?	그 여자 손 잡았어?
	learn to cook?	요리 배웠어?
	get a boyfriend?	남자친구 만들었어?
I didn't	get along with other people	나 다른 사람들과 잘 못 지냈어
	go for a drive	드라이브 안 갔어
	hold her hand	나 그 여자 손 안 잡았어
	learn to cook	요리 안 배웠어
	get a boyfriend	남자친구 만들지 못했어
I couldn't	get along with him	난 그 남자와 잘 지낼 수 없었어
	go for a drive	드라이브 갈 수 없었어
	hold his hand	그 남자 손을 잡을 수가 없었어
	learn to cook	요리를 배울 수 없었어
	get a boyfriend	남자친구를 만들 수 없었어
I told you to	get along with her	내가 그녀와 잘 지내라고 말했잖아
	go for a drive	드라이브 가라고 말했잖아
	hold her hand	그 여자 손을 잡으라고 말했잖아
	learn to cook	요리 배우라고 말했잖아
	get a boyfriend	남자친구 만들라고 말했잖아
I (과거형)	got along with her	나 그녀와 잘 지냈어
	went for a drive	드라이브 갔어
	held her hand	그 여자 손 잡았어
	learned to cook	요리 배웠어
	got a boyfriend	남자친구 만들었어

📲 다음 페이지에 계속됩니다.

163

STEP
2-2

시작부와 **중심부**를 연결하여 문장을 만들어 보세요.

시작부	중심부 (2)

Did you ~?

~했어?

146
pay together

(돈을) 같이 내다

I didn't

~ 안 했어

147
play the field

여러 명 가볍게 만나다

I couldn't

~할 수 없었어

148
propose to someone

~에게 고백하다

I told you to

내가 ~하라고 했잖아

149
stay young

젊게 지내다

I (과거형)

~했어

150
take someone home

~를 집에 데려다 주다

164

Did you	**pay together?**	너 돈 같이 냈어?
	play the field?	여러 명 가볍게 만난 거야?
	propose to her?	그녀에게 고백했어?
	stay young?	젊게 지냈어?(노력했구나)
	take her home?	그 여자 집에 데려다 줬어?

I didn't	pay together	나 돈 같이 안 냈어
	play the field	여러 명 가볍게 만나진 않았어
	propose to her	그녀에게 고백하지 않았어
	stay young	젊게 지내지 못했어
	take her home	그 여자 집에 데려다 주지 않았어

I couldn't	pay together	난 돈을 같이 낼 수 없었어
	play the field	여러 명 가볍게 만날 수 없었어
	propose to him	그에게 고백할 수 없었어
	stay young	젊게 지낼 수 없었어
	take him home	그 남자 집에 데려다 줄 수 없었어

I told you to	pay together	내가 돈 같이 내라고 말했잖아
	play the field	여러 명 가볍게 만나 보라고 말했잖아
	propose to her	그녀에게 고백하라고 말했잖아
	stay young	젊게 지내라고 말했잖아
	take her home	그 여자 집에 데려다 주라고 말했잖아

I (과거형)	paid together	나 돈 같이 냈어
	played the field	여러 명 가볍게 만났어
	proposed to her	그녀에게 고백했어
	stayed young	젊게 지냈어
	took her home	그녀를 집에 데려다 줬어

165

좀 더 길게 말해 보기

시작부 + 중심부 뒤에 **꾸밈부**를 붙여서 좀 더 길게 말해 보세요.

시작부	중심부	꾸밈부

1 **한동안** 그 남자와 잘 지낼 수 없었어. | for a while

2 너 **어제** 드라이브 갔어? | yesterday

3 **어젯밤** 그 남자 손을 잡을 수가 없었어. | last night

4 나 **잠깐** 요리 배웠어. | for a while

5 **어제** 내가 돈 같이 내라고 말했잖아. | yesterday

6 **한동안** 여러 명 가볍게 만났어. | for a while

7 **오늘** 그에게 고백할 수 없었어. | today

8 **어젯밤에** 그녀를 집에 데려다 주지 않았어. | last night

166

 MP3를 듣고 큰 소리로 읽어 보세요.

I couldn't get along with him for a while.

Did you go for a drive yesterday?

I couldn't hold his hand last night.

I learned to cook for a while.

I told you to pay together yesterday.

I played the field for a while.

I couldn't propose to him today.

I didn't take her home last night.

CHECK-UP

빈칸에 알맞은 말을 보기 중에서 골라 넣어 보세요.

> get along with her
> propose to her
> go for a drive
> stay young
> pay together
> learn to cook
> take her home
> played the field
> get a boyfriend
> hold her hand

1. 너 어제 그 여자 손 잡았어?

   Did you ⟨   ⟩ **yesterday?**

2. 나 오늘 드라이브 안 갔어.

   I didn't ⟨   ⟩ **today.**

3. 어젯밤에 그녀에게 고백할 수가 없었어.

   I couldn't ⟨   ⟩ **last night.**

4. 내가 어제 요리 배우라고 말했잖아.

   I told you to ⟨   ⟩ **yesterday.**

5. 나 한동안 여러 명 가볍게 만났어.

   I ⟨   ⟩ **for a while.**

1. hold her hand   2. go for a drive   3. propose to her   4. learn to cook   5. played the field

복습 훈련 250쪽

168

800문장 마스터

play the old soldier

꾀병을 부리다

아프지도 않은데 아픈 척 꾀병을 부리는 것을 play the old soldier라고 합니다.
말년 병장이 꾀부리는 모습을 연상하면 기억하기 쉽겠죠?

STEP 1

50문장 미리보기

오늘 공부할 내용을 살펴보세요. **시작부+중심부** 또는 **시작부+중심부+꾸밈부**를 연결하면 여러 가지 문장을 만들 수 있습니다.

시작부	중심부
I 나 ~해	151 **ask a question** 질문하다
Let's ~하자	152 **clap hands** 박수를 치다
I will ~할 거야	153 **find the word** 단어를 찾다
I can ~할 수 있어	154 **know exactly** 정확히 알다
Don't ~하지 마	155 **live in a dormitory** 기숙사에 살다

170

중심부	꾸밈부

156
memorize English words
영단어를 외우다

now
지금, 이제

157
play the old soldier
꾀병을 부리다

today
오늘

158
prepare for an exam
시험 준비를 하다

in class
수업 시간에

159
study hard
열심히 공부하다

every day
매일

160
take a test
시험을 보다

from now on
이제부터, 지금부터

하루 50문장 말하기

시작부와 **중심부**를 연결하여 문장을 만들어 보세요.
하루에 중심부 10개만 공부하면 시작부 5개와 결합시켜 50문장을 말할 수 있습니다.

시작부	중심부 (1)
I 나 ~해	151 **ask a question** 질문하다
Let's ~하자	152 **clap hands** 박수를 치다
I will ~할 거야	153 **find the word** 단어를 찾다
I can ~할 수 있어	154 **know exactly** 정확히 알다
Don't ~하지 마	155 **live in a dormitory** 기숙사에 살다

큰 소리로 세 번씩 말해 보세요.

I	ask a question	나 질문할게(나 질문해)
	clap hands	박수 쳐
	find the word	단어 찾아
	know exactly	정확히 알아
	live in a dormitory	기숙사에 살아

Let's	ask a question	우리 질문하자
	clap hands	박수 치자
	find the word	단어 찾자
	know exactly	정확히 알자
	live in a dormitory	기숙사에 살자

I will	ask a question	난 질문할 거야
	clap hands	박수 칠 거야
	find the word	단어를 찾을 거야
	know exactly	정확히 알 거야
	live in a dormitory	기숙사에 살 거야

I can	ask a question	난 질문할 수 있어
	clap hands	박수 칠 수 있어
	find the word	단어를 찾을 수 있어
	know exactly	정확히 알 수 있어
	live in a dormitory	기숙사에 살 수 있어

Don't	ask a question	질문하지 마
	clap hands	박수 치지 마
	find the word	단어 찾지 마
	know exactly	정확히 알려고 하지 마
	live in a dormitory	기숙사에 살지 마

➡ 다음 페이지에 계속됩니다.

173

STEP
2-2

시작부와 **중심부**를 연결하여 문장을 만들어 보세요.

시작부	중심부 (2)

I

나 ~해

156
memorize English words

영단어를 외우다

Let's

~하자

157
play the old soldier

꾀병을 부리다

I will

~할 거야

158
prepare for an exam

시험 준비를 하다

I can

~할 수 있어

159
study hard

열심히 공부하다

Don't

~하지 마

160
take a test

시험을 보다

☐☐☐	**I**	**memorize English words**	나 영단어 외워
☐☐☐		play the old soldier	꾀병 부려
☐☐☐		prepare for an exam	시험 준비해
☐☐☐		study hard	열심히 공부해
☐☐☐		take a test	시험 봐
☐☐☐	**Let's**	memorize English words	우리 영단어 외우자
☐☐☐		**play the old soldier**	꾀병 부리자
☐☐☐		prepare for an exam	시험 준비하자
☐☐☐		study hard	열심히 공부하자
☐☐☐		take a test	시험 보자
☐☐☐	**I will**	memorize English words	난 영단어 외울 거야
☐☐☐		play the old soldier	꾀병 부릴 거야
☐☐☐		**prepare for an exam**	시험 준비할 거야
☐☐☐		study hard	열심히 공부할 거야
☐☐☐		take a test	시험 볼 거야
☐☐☐	**I can**	memorize English words	난 영단어 외울 수 있어
☐☐☐		play the old soldier	꾀병 부릴 수 있어
☐☐☐		prepare for an exam	시험 준비 할 수 있어
☐☐☐		**study hard**	열심히 공부할 수 있어
☐☐☐		take a test	시험 볼 수 있어
☐☐☐	**Don't**	memorize English words	영단어 외우지 마
☐☐☐		play the old soldier	꾀병 부리지 마
☐☐☐		prepare for an exam	시험 준비 하지 마
☐☐☐		study hard	열심히 공부하지 마
☐☐☐		**take a test**	시험 보지 마

175

시작부	중심부	꾸밈부

1   난 **매일** 질문할 수 있어. — every day

2   **수업 시간에** 박수 치지 마. — in class

3   **이제** 단어를 찾을 수 있어. — now

4   나 **이제부터** 기숙사에서 살 거야. — from now on

5   우리 **매일** 영단어 외우자. — every day

6   **이제부터** 꾀병 부리지 마. — from now on

7   나 **매일** 열심히 공부할 거야. — every day

8   나 **오늘** 시험 볼 거야. — today

☐☐☐ I can ask a question every day.

☐☐☐ Don't clap hands in class.

☐☐☐ I can find the word now.

☐☐☐ I will live in a dormitory from now on.

☐☐☐ Let's memorize English words every day.

☐☐☐ Don't play the old soldier from now on.

☐☐☐ I will study hard every day.

☐☐☐ I will take a test today.

CHECK-UP

빈칸에 알맞은 말을 보기 중에서 골라 넣어 보세요.

> memorize English words   play the old soldier
>
> find the word   study hard   clap hands
>
> know exactly   ask a question   take a test
>
> live in a dormitory   prepare for an exam

1. 나 매일 열심히 공부해.

   I ⟨_____⟩ every day.

2. 우리 지금부터 영단어 외우자.

   Let's ⟨_____⟩ from now on.

3. 나 오늘 시험 준비 할 거야.

   I will ⟨_____⟩ today.

4. 나 지금 시험 볼 수 있어.

   I can ⟨_____⟩ now.

5. 수업 시간에 질문하지 마.

   Don't ⟨_____⟩ in class.

1. study hard   2. memorize English words   3. prepare for an exam   4. take a test   5. ask a question

복습 훈련 252쪽

850문장 마스터

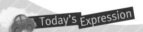
face the music

벌을 받다

무대에 오르기 직전,
얼굴에 바로 들리는 무대의 음악소리와 관중의 함성을 들으면
마치 벌 받는 것처럼 무섭지 않을까요?

50문장 미리보기

오늘 공부할 내용을 살펴보세요. **시작부+중심부** 또는 **시작부+중심부+꾸밈부**를
연결하면 여러 가지 문장을 만들 수 있습니다.

시작부	중심부

Please

~해 주세요

161
attend graduate school

대학원을 다니다

I won't

~ 안 할 거야

162
enjoy reading

독서를 즐기다

I have to

~해야 해

163
face the music

벌을 받다

I want to

~하고 싶어

164
find the answer

해답을 찾다

I don't want to

~하고 싶지 않아

165
look smart

똑똑하게 보이다

중심부	꾸밈부
166 study music 음악을 공부하다	**now** 지금, 이제
167 take notes 메모하다	**today** 오늘
168 teach English 영어를 가르치다	**in class** 수업 시간에
169 turn off the cell phone 핸드폰을 끄다	**at school** 학교에서
170 write a paper 논문을 쓰다	**anymore** 더 이상

181

STEP 2-1

하루 50문장 말하기

시작부와 **중심부**를 연결하여 문장을 만들어 보세요.

하루에 중심부 10개만 공부하면 시작부 5개와 결합시켜 50문장을 말할 수 있습니다.

시작부	중심부 (1)

Please

~해 주세요

161
attend graduate school

대학원을 다니다

I won't

~ 안 할 거야

162
enjoy reading

독서를 즐기다

I have to

~해야 해

163
face the music

벌을 받다

I want to

~하고 싶어

164
find the answer

해답을 찾다

I don't want to

~하고 싶지 않아

165
look smart

똑똑하게 보이다

 하루 50 문장 말하기 (1)

Please	**attend graduate school**	대학원에 다니세요
	enjoy reading	독서 즐기세요
	face the music	벌을 받으세요
	find the answer	해답을 찾으세요
	look smart	똑똑하게 보이세요

I won't	attend graduate school	나 대학원 안 다닐 거야
	enjoy reading	독서 안 즐길 거야
	face the music	벌 안 받을 거야
	find the answer	해답 안 찾을 거야
	look smart	똑똑하게 안 보일 거야

I have to	attend graduate school	나 대학원 다녀야 해
	enjoy reading	독서 즐겨야 해
	face the music	벌 받아야 해
	find the answer	해답 찾아야 해
	look smart	똑똑하게 보여야 해

I want to	attend graduate school	나 대학원 다니고 싶어
	enjoy reading	독서를 즐기고 싶어
	face the music	벌 받고 싶어
	find the answer	해답을 찾고 싶어
	look smart	똑똑하게 보이고 싶어

I don't want to	attend graduate school	나 대학원 다니고 싶지 않아
	enjoy reading	독서 즐기고 싶지 않아
	face the music	벌 받고 싶지 않아
	find the answer	해답 찾고 싶지 않아
	look smart	똑똑하게 보이고 싶지 않아

다음 페이지에 계속됩니다.

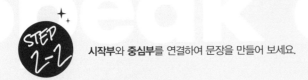

STEP 2-2 **시작부**와 **중심부**를 연결하여 문장을 만들어 보세요.

시작부	중심부 (2)
Please ～해 주세요	166 **study music** 음악을 공부하다
I won't ～ 안 할 거야	167 **take notes** 메모하다
I have to ～해야 해	168 **teach English** 영어를 가르치다
I want to ～하고 싶어	169 **turn off the cell phone** 핸드폰을 끄다
I don't want to ～하고 싶지 않아	170 **write a paper** 논문을 쓰다

184

➡ 하루 50 문장 말하기 (2)

큰 소리로 세 번씩 말해 보세요.

Please	**study music**	음악을 공부하세요
	take notes	메모하세요
	teach English	영어를 가르치세요
	turn off the cell phone	핸드폰 끄세요
	write a paper	논문을 쓰세요

I won't	study music	나 음악 공부 안 할 거야
	take notes	메모 안 할 거야
	teach English	영어 안 가르칠 거야
	turn off the cell phone	핸드폰 안 끌 거야
	write a paper	논문 안 쓸 거야

I have to	study music	나 음악 공부해야 해
	take notes	메모해야 해
	teach English	영어 가르쳐야 해
	turn off the cell phone	핸드폰 꺼야 해
	write a paper	논문 써야 해

I want to	study music	나 음악 공부하고 싶어
	take notes	메모하고 싶어
	teach English	영어 가르치고 싶어
	turn off the cell phone	핸드폰 끄고 싶어
	write a paper	논문 쓰고 싶어

I don't want to	study music	나 음악 공부하고 싶지 않아
	take notes	메모하고 싶지 않아
	teach English	영어 가르치고 싶지 않아
	turn off the cell phone	핸드폰 끄고 싶지 않아
	write a paper	논문 쓰고 싶지 않아

185

STEP 3 좀 더 길게 말해 보기

시작부 + 중심부 뒤에 **꾸밈부**를 붙여서 좀 더 길게 말해 보세요.

시작부	중심부	꾸밈부

1 나 **더 이상** 벌 받고 싶지 않아.　　　anymore

2 **이제** 답을 찾아야 해.　　　now

3 **수업 시간에** 똑똑하게 보이고 싶어.　　　in class

4 **더 이상** 음악 공부 안 할 거야.　　　anymore

5 **지금** 필기하세요.　　　now

6 나 **학교에서** 영어 가르치고 싶어.　　　at school

7 **수업 시간에는** 핸드폰을 끄세요.　　　in class

8 나 **오늘** 논문 써야 해.　　　today

186

 MP3를 듣고 큰 소리로 읽어 보세요.

I don't want to face the music anymore.

I have to find the answer now.

I want to look smart in class.

I won't study music anymore.

Please take notes now.

I want to teach English at school.

Please turn off the cell phone in class.

I have to write a paper today.

빈칸에 알맞은 말을 보기 중에서 골라 넣어 보세요.

> attend graduate school   turn off the cell phone
>
> find the answer   look smart   take notes
>
> enjoy reading   face the music   teach English
>
> study music   write a paper

1. 수업 시간에는 핸드폰을 끄세요.

   Please ⟨ ⟩ **in class.**

2. 나 오늘 논문 안 쓸 거야.

   I won't ⟨ ⟩ **today.**

3. 난 지금 답을 찾아야 해.

   I have to ⟨ ⟩ **now.**

4. 나 학교에서 영어를 가르치고 싶어.

   I want to ⟨ ⟩ **at school.**

5. 더 이상 벌 받고 싶지 않아.

   I don't want to ⟨ ⟩ **anymore.**

1. turn off the cell phone   2. write a paper   3. find the answer   4. teach English   5. face the music

📙 복습 훈련 254쪽

900문장 마스터

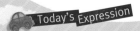 Today's Expression

drink Coke

콜라를 마시다

북극곰도 마신다는 코카콜라.
이젠 브랜드명이 하나의 단어로 굳어져 버렸답니다.
코카콜라 제조법 1% 비밀을 아는 사람은 전세계에 단 2명밖에 없다고 합니다.

STEP 1

50문장 미리보기

오늘 공부할 내용을 살펴보세요. **시작부+중심부** 또는 **시작부+중심부+꾸밈부**를 연결하면 여러 가지 문장을 만들 수 있습니다.

시작부	중심부
I don't ~ 안 해	171 **drink Coke** 콜라를 마시다
I used to 전에는 ~했었는데(지금은 안 함)	172 **eat Chinese food** 중국 음식을 먹다
It's time to ~할 시간[때]이야	173 **go on a diet** 다이어트하다
Can I ~? ~해도 돼?	174 **live with one's parents** 부모님과 함께 살다
Can you ~? ~할 수 있어?	175 **lock the door** 문을 잠그다

190

중심부	꾸밈부

176
play mobile games
모바일 게임을 하다

now
지금, 이제

177
take the subway
지하철을 타다

here
여기

178
turn off the alarm clock
알람시계를 끄다

today
오늘

179
wait for the bus
버스를 기다리다

every day
매일

180
write a comment
댓글을 달다

for a while
잠깐, 한동안

하루 50문장 말하기

시작부와 **중심부**를 연결하여 문장을 만들어 보세요.
하루에 중심부 10개만 공부하면 시작부 5개와 결합시켜 50문장을 말할 수 있습니다.

시작부	중심부 (1)

I don't

~ 안 해

171
drink Coke

콜라를 마시다

I used to

전에는 ~했었는데

172
eat Chinese food

중국 음식을 먹다

It's time to

~할 시간[때]이야

173
go on a diet

다이어트하다

Can I ~?

~해도 돼?

174
live with one's parents

부모님과 함께 살다

Can you ~?

~할 수 있어?

175
lock the door

문을 잠그다

큰 소리로 세 번씩 말해 보세요.

➡ 하루 **50** 문장 말하기 (1)

	I don't	drink Coke	나 콜라 안 마셔
		eat Chinese food	중국 음식 안 먹어
		go on a diet	다이어트 안 해
		live with my parents	부모님과 함께 안 살아
		lock the door	문 안 잠가

	I used to	drink Coke	전에는 콜라 마셨었는데
		eat Chinese food	전에는 중국 음식 먹었었는데
		go on a diet	전에는 다이어트했었는데
		live with my parents	전에는 부모님과 함께 살았는데
		lock the door	전에는 문을 잠갔었는데

	It's time to	drink Coke	콜라 마실 시간이야
		eat Chinese food	중국 음식 먹을 시간이야
		go on a diet	다이어트할 때야
		live with my parents	부모님과 함께 살 때야
		lock the door	문 잠글 시간이야

	Can I	drink Coke?	나 콜라 마셔도 돼?
		eat Chinese food?	중국 음식 먹어도 돼?
		go on a diet?	다이어트해도 돼?
		live with my parents?	부모님과 함께 살아도 돼?
		lock the door?	문 잠가도 돼?

	Can you	drink Coke?	너 콜라 마실 수 있어?
		eat Chinese food?	중국 음식 먹을 수 있어?
		go on a diet?	다이어트할 수 있어?
		live with your parents?	부모님과 함께 살 수 있어?
		lock the door?	문 잠글 수 있어?

📑 다음 페이지에 계속됩니다.

193

Speak out

STEP 2-2

시작부와 중심부를 연결하여 문장을 만들어 보세요.

시작부	중심부 (2)

I don't

~ 안 해

176 **play mobile games**

모바일 게임을 하다

I used to

전에는 ~했었는데

177 **take the subway**

지하철을 타다

It's time to

~할 시간[때]이야

178 **turn off the alarm clock**

알람시계를 끄다

Can I ~?

~해도 돼?

179 **wait for the bus**

버스를 기다리다

Can you ~?

~할 수 있어?

180 **write a comment**

댓글을 달다

194

I don't	**play mobile games**	나 모바일 게임 안 해
	take the subway	지하철 안 타
	turn off the alarm clock	알람시계 안 꺼
	wait for the bus	버스 안 기다려
	write a comment	댓글 안 달아
I used to	play mobile games	전에는 모바일 게임 했었는데
	take the subway	전에는 지하철 탔었는데
	turn off the alarm clock	전에는 알람시계 껐었는데
	wait for the bus	전에는 버스 기다렸었는데
	write a comment	전에는 댓글 달았었는데
It's time to	play mobile games	모바일 게임 할 시간이야
	take the subway	지하철 탈 시간이야
	turn off the alarm clock	알람시계 끌 시간이야
	wait for the bus	버스 기다릴 시간이야
	write a comment	댓글 달 시간이야
Can I	play mobile games?	나 모바일 게임 해도 돼?
	take the subway?	지하철 타도 돼?
	turn off the alarm clock?	알람시계 꺼도 돼?
	wait for the bus?	버스 기다려도 돼?
	write a comment?	댓글 달아도 돼?
Can you	play mobile games?	너 모바일 게임 할 수 있어?
	take the subway?	지하철 탈 수 있어?
	turn off the alarm clock?	알람시계 끌 수 있어?
	wait for the bus?	버스 기다릴 수 있어?
	write a comment?	댓글 달 수 있어?

STEP 3 좀 더 길게 말해 보기

시작부 + 중심부 뒤에 **꾸밈부**를 붙여서 좀 더 길게 말해 보세요.

시작부	중심부	꾸밈부

1   나 **지금** 콜라 마셔도 돼?   now

2   전에는 **매일** 중국 음식 먹었었는데.   every day

3   **이제** 다이어트할 때야.   now

4   너 **잠깐** 부모님과 살 수 있어?   for a while

5   난 모바일 게임 **매일** 안 해.   every day

6   나 **오늘** 지하철 타도 돼?   today

7   전에는 **매일** 버스 기다렸었는데.   every day

8   너 **지금** 댓글 달 수 있어?   now

196

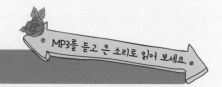
☐☐☐ Can I drink Coke now?

☐☐☐ I used to eat Chinese food every day.

☐☐☐ It's time to go on a diet now.

☐☐☐ Can you live with your parents
for a while?

☐☐☐ I don't play mobile games every day.

☐☐☐ Can I take the subway today?

☐☐☐ I used to wait for the bus every day.

☐☐☐ Can you write a comment now?

빈칸에 알맞은 말을 보기 중에서 골라 넣어 보세요.

> live with my parents   turn off the alarm clock
>
> go on a diet   drink Coke   lock the door
>
> wait for the bus   eat Chinese food   write a comment
>
> play mobile games   take the subway

1. 매일 지하철을 타진 않아.

   I don't ⟨＿＿＿＿＿＿＿⟩ every day.

2. 전에는 여기서 버스 기다렸었는데.

   I used to ⟨＿＿＿＿＿＿＿⟩ here.

3. 이제 다이어트할 때야.

   It's time to ⟨＿＿＿＿＿＿＿⟩ now.

4. 잠깐 모바일 게임 해도 돼?

   Can I ⟨＿＿＿＿＿＿＿⟩ for a while?

5. 너 오늘 댓글 달 수 있어?

   Can you ⟨＿＿＿＿＿＿＿⟩ today?

1. take the subway   2. wait for the bus   3. go on a diet   4. play mobile games   5. write a comment

복습 훈련 256쪽

198

950문장 마스터

hang out with friends

친구들과 어울리다

'~와 어울리다[놀다]'라고 할 때 hang out with를 씁니다.
play with friends라고 하지 않도록 주의하세요.
play with는 '~를 가지고 놀다'라는 뜻으로, 심지어 성적인 의미도 가지고 있어요.

50문장 미리보기

오늘 공부할 내용을 살펴보세요. **시작부＋중심부** 또는 **시작부＋중심부＋꾸밈부**를
연결하면 여러 가지 문장을 만들 수 있습니다.

시작부	중심부
Will you ~? ～할 거야?	181 **arrive early** 일찍 도착하다
Do I have to ~? ～해야 해?	182 **ask the teacher** 선생님께 물어보다
Why don't you ~? ～하지 그래?, ～하는 게 어때?	183 **bring one's book** 책을 가져오다
Do you want to ~? ～하고 싶어?	184 **do one's homework** 숙제하다
How often do you ~? 얼마나 자주 ～해?	185 **hang out with friends** 친구들과 어울리다[놀다]

중심부	꾸밈부
186 **play computer games** 컴퓨터 게임을 하다	**today** 오늘
187 **prepare a report** 리포트를 준비하다	**in class** 수업 시간에
188 **skip breakfast** 아침식사를 거르다[안 먹다]	**after class** 수업 후
189 **study textbooks** 교과서로 공부하다	**before class** 수업 전
190 **take a class** 수업을 듣다	**with friends** 친구들과

하루 50문장 말하기

시작부와 **중심부**를 연결하여 문장을 만들어 보세요.
하루에 중심부 10개만 공부하면 시작부 5개와 결합시켜 50문장을 말할 수 있습니다.

시작부	중심부 (1)

Will you ~?

~할 거야?

181
arrive early

일찍 도착하다

Do I have to ~?

~해야 해?

182
ask the teacher

선생님께 물어보다

Why don't you ~?

~하지 그래?, ~하는 게 어때?

183
bring one's book

책을 가져오다

Do you want to ~?

~하고 싶어?

184
do one's homework

숙제하다

How often do you ~?

얼마나 자주 ~해?

185
hang out with friends

친구들과 어울리다[놀다]

하루 50 문장 말하기 (1)

큰 소리로 세 번씩 말해 보세요.

Will you | **arrive early?** | 너 일찍 도착할 거야?
| | ask the teacher? | 선생님께 물어볼 거야?
| | bring your book? | 책 가져올 거야?
| | do your homework? | 숙제 할 거야?
| | hang out with friends? | 친구들과 어울릴 거야?

Do I have to | arrive early? | 나 일찍 도착해야 해?
| | **ask the teacher?** | 선생님께 물어봐야 해?
| | bring my book? | 내 책 가져와야 해?
| | do my homework? | 나 숙제해야 해?
| | hang out with friends? | 친구들과 어울려야 해?

Why don't you | arrive early? | 일찍 도착하지 그래?
| | ask the teacher? | 선생님께 물어보는 게 어때?
| | **bring your book?** | 네 책 가져오지 그래?
| | do your homework? | 숙제하는 게 어때?
| | hang out with friends? | 친구들과 놀지 그래?

Do you want to | arrive early? | 너 일찍 도착하고 싶어?
| | ask the teacher? | 선생님께 물어보고 싶어?
| | bring your book? | 네 책 가져오고 싶어?
| | **do your homework?** | 숙제하고 싶어?
| | hang out with friends? | 친구들과 어울리고 싶어?

How often do you | arrive early? | 얼마나 자주 일찍 도착해?
| | ask the teacher? | 얼마나 자주 선생님께 물어봐?
| | bring your book? | 얼마나 자주 책 가져와?
| | do your homework? | 얼마나 자주 숙제해?
| | **hang out with friends?** | 얼마나 자주 친구들과 놀아?

📱 다음 페이지에 계속됩니다.

203

STEP 2-2

시작부와 **중심부**를 연결하여 문장을 만들어 보세요.

시작부	중심부 (2)
Will you ~? ∼할 거야?	186 **play computer games** 컴퓨터 게임을 하다
Do I have to ~? ∼해야 해?	187 **prepare a report** 리포트를 준비하다
Why don't you ~? ∼하지 그래?, ∼하는 게 어때?	188 **skip breakfast** 아침식사를 거르다[안 먹다]
Do you want to ~? ∼하고 싶어?	189 **study textbooks** 교과서로 공부하다
How often do you ~? 얼마나 자주 ∼해?	190 **take a class** 수업을 듣다

Will you	**play computer games?**	너 컴퓨터 게임 할 거야?
	prepare a report?	리포트 준비 할 거야?
	skip breakfast?	아침 안 먹을 거야?
	study textbooks?	교과서로 공부할 거야?
	take a class?	수업 들을 거야?

Do I have to	play computer games?	나 컴퓨터 게임 해야 해?
	prepare a report?	리포트 준비해야 해?
	skip breakfast?	아침 안 먹어야 해?
	study textbooks?	교과서로 공부해야 해?
	take a class?	수업 들어야 해?

Why don't you	play computer games?	컴퓨터 게임 하지 그래?
	prepare a report?	리포트 준비하는 게 어때?
	skip breakfast?	아침 굶지 그래?
	study textbooks?	교과서로 공부하는 게 어때?
	take a class?	수업 듣지 그래?

Do you want to	play computer games?	너 컴퓨터 게임 하고 싶어?
	prepare a report?	리포트 준비 하고 싶어?
	skip breakfast?	아침 안 먹고 싶어?
	study textbooks?	교과서로 공부하고 싶어?
	take a class?	수업 듣고 싶어?

How often do you	play computer games?	얼마나 자주 컴퓨터 게임 해?
	prepare a report?	얼마나 자주 리포트 준비해?
	skip breakfast?	얼마나 자주 아침 안 먹어?
	study textbooks?	얼마나 자주 교과서로 공부해?
	take a class?	얼마나 자주 수업 들어?

205

좀 더 길게 말해 보기

시작부 + 중심부 뒤에 꾸밈부를 붙여서 좀 더 길게 말해 보세요.

시작부	중심부	꾸밈부

1 나 **오늘** 일찍 도착해야 해? → today

2 **수업 끝나고** 선생님께 물어보는 게 어때? → after class

3 너 **오늘** 책 가져올 거야? → today

4 **수업 전에** 숙제하지 그래? → before class

5 **친구들이랑** 컴퓨터 게임 하고 싶어? → with friends

6 얼마나 자주 **친구들과** 리포트 준비해? → with friends

7 너 **오늘** 아침 안 먹을 거야? → today

8 **수업 끝나고** 교과서 공부해야 해? → after class

☐☐☐ Do I have to arrive early today?

☐☐☐ Why don't you ask the teacher after class?

☐☐☐ Will you bring your book today?

☐☐☐ Why don't you do your homework before class?

☐☐☐ Do you want to play computer games with friends?

☐☐☐ How often do you prepare a report with friends?

☐☐☐ Will you skip breakfast today?

☐☐☐ Do I have to study textbooks after class?

CHECK-UP

빈칸에 알맞은 말을 보기 중에서 골라 넣어 보세요.

> hang out with friends   do your homework
>
> skip breakfast   arrive early   ask the teacher
>
> study textbooks   bring my book   take a class
>
> play computer games   prepare a report

1. 너 친구들이랑 숙제할 거야?

   Will you ⟨_____⟩ **with friends?**

2. 내가 오늘 책 가져와야 해?

   Do I have to ⟨_____⟩ **today?**

3. 수업 전에 선생님께 물어보지 그래?

   Why don't you ⟨_____⟩ **before class?**

4. 너 오늘 아침 안 먹고 싶어?

   Do you want to ⟨_____⟩ **today?**

5. 얼마나 자주 수업 끝나고 친구들과 어울려?

   How often do you ⟨_____⟩ **after class?**

1. do your homework   2. bring my book   3. ask the teacher   4. skip breakfast   5. hang out with friends

복습 훈련 258쪽

208

1000문장 마스터

 Today's Expression

cut in line

새치기하다

직역하면 '선 안을 자르다'로,
선[줄]을 자르고 끼어드는 것에서 '새치기하다'라는 뜻을 연상할 수 있습니다.
줄 서서 기다리고 있는데 중간에 선을 끊고 들어오면 정말 화나겠죠?

50문장 미리보기

오늘 공부할 내용을 살펴보세요. **시작부+중심부** 또는 **시작부+중심부+꾸밈부**를 연결하면 여러 가지 문장을 만들 수 있습니다.

시작부	중심부
Did you ~? ~했어?	191 **cut in line** 새치기하다
I didn't ~ 안 했어	192 **drop the class** 수강 취소 하다
I couldn't ~할 수 없었어	193 **enter a college** 대학에 입학하다
I told you to 내가 ~하라고 했잖아	194 **finish the test** 시험을 끝내다
I (과거형) ~했어	195 **learn grammar** 문법을 배우다

중심부	꾸밈부
196 **pay one's tuition** 등록금을 내다	**today** 오늘
197 **put one's hand up** 손들다	**yesterday** 어제
198 **register for classes** 수강 신청 하다	**last week** 지난주
199 **skip the class** 수업을 빠지다	**at school** 학교에서
200 **take TOEIC** 토익 시험을 보다	**a few days ago** 며칠 전

211

STEP 2-1

하루 50문장 말하기

시작부와 **중심부**를 연결하여 문장을 만들어 보세요.

하루에 중심부 10개만 공부하면 시작부 5개와 결합시켜 50문장을 말할 수 있습니다.

시작부	중심부 (1)

Did you ~?

~했어?

191 **cut in line**

새치기하다

I didn't

~ 안 했어

192 **drop the class**

수강 취소 하다

I couldn't

~할 수 없었어

193 **enter a college**

대학에 입학하다

I told you to

내가 ~하라고 했잖아

194 **finish the test**

시험을 끝내다

I (과거형)

~했어

195 **learn grammar**

문법을 배우다

Did you	**cut in line?**	너 새치기했어?
	drop the class?	수강 취소 했어?
	enter a college?	대학에 입학했어?
	finish the test?	시험 끝냈어?
	learn grammar?	문법 배웠어?

I didn't	cut in line	나 새치기 안 했어
	drop the class	수강 취소 안 했어
	enter a college	대학에 입학하지 않았어
	finish the test	시험 안 끝냈어
	learn grammar	문법 안 배웠어

I couldn't	cut in line	난 새치기할 수 없었어
	drop the class	수강 취소 할 수 없었어
	enter a college	대학에 입학할 수 없었어
	finish the test	시험 끝낼 수 없었어
	learn grammar	문법 배울 수 없었어

I told you to	cut in line	내가 새치기하라고 말했잖아
	drop the class	수강 취소 하라고 말했잖아
	enter a college	대학에 입학하라고 말했잖아
	finish the test	시험 끝내라고 말했잖아
	learn grammar	문법 배우라고 말했잖아

I (과거형)	cut in line	나 새치기했어
	dropped the class	수강 취소 했어
	entered a college	대학에 입학했어
	finished the test	시험 끝냈어
	learned grammar	문법 배웠어

📄 다음 페이지에 계속됩니다.

213

STEP 2-2 시작부와 **중심부**를 연결하여 문장을 만들어 보세요.

시작부	중심부 (2)
Did you ~? ~했어?	196 **pay one's tuition** 등록금을 내다
I didn't ~ 안 했어	197 **put one's hand up** 손들다
I couldn't ~할 수 없었어	198 **register for classes** 수강 신청 하다
I told you to 내가 ~하라고 했잖아	199 **skip the class** 수업을 빠지다
I (과거형) ~했어	200 **take TOEIC** 토익 시험을 보다

214

큰 소리로 세 번씩 말해 보세요.

Did you	**pay your tuition?**	너 등록금 냈어?
	put your hand up?	손들었어?
	register for classes?	수강 신청 했어?
	skip the class?	수업 빠졌어?
	take TOEIC?	토익 시험 봤어?
I didn't	pay my tuition	나 등록금 안 냈어
	put my hand up	손 안 들었어
	register for classes	수강 신청 안 했어
	skip the class	수업 안 빠졌어
	take TOEIC	토익 시험 안 봤어
I couldn't	pay my tuition	난 등록금을 낼 수 없었어
	put my hand up	손을 들 수 없었어
	register for classes	수강 신청 할 수 없었어
	skip the class	수업을 빠질 수 없었어
	take TOEIC	토익 시험을 볼 수 없었어
I told you to	pay your tuition	내가 등록금 내라고 말했잖아
	put your hand up	너 손들라고 말했잖아
	register for classes	수강 신청 하라고 말했잖아
	skip the class	수업 빠지라고 말했잖아
	take TOEIC	토익 시험 보라고 말했잖아
I (과거형)	paid my tuition	나 등록금 냈어
	put my hand up	손들었어
	registered for classes	수강 신청 했어
	skipped the class	수업 빠졌어
	took TOEIC	토익 시험 봤어

215

STEP 3 좀 더 길게 말해 보기

시작부 + 중심부 뒤에 **꾸밈부**를 붙여서 좀 더 길게 말해 보세요.

시작부	중심부	꾸밈부

1 나 **어제** 새치기 안 했어. — yesterday

2 너 **오늘** 시험 끝났어? — today

3 **학교에서** 문법을 배웠어. — at school

4 난 **어제** 등록금을 낼 수 없었어. — yesterday

5 내가 **오늘** 너 손들라고 말했잖아. — today

6 너 **오늘** 수강 신청 했어? — today

7 나 **며칠 전에** 수업 빼먹었어. — a few days ago

8 내가 **며칠 전에** 토익 시험 보라고 말했잖아. — a few days ago

216

☐☐☐   I didn't cut in line yesterday.

☐☐☐   Did you finish the test today?

☐☐☐   I learned grammar at school.

☐☐☐   I couldn't pay my tuition yesterday.

☐☐☐   I told you to put your hand up today.

☐☐☐   Did you register for classes today?

☐☐☐   I skipped the class a few days ago.

☐☐☐   I told you to take TOEIC a few days ago.

CHECK-UP

빈칸에 알맞은 말을 보기 중에서 골라 넣어 보세요.

- registered for classes
- put your hand up
- drop the class
- take TOEIC
- cut in line
- enter a college
- pay my tuition
- learn grammar
- finish the test
- skip the class

1. 너 지난주에 토익 시험 봤어?

   Did you ⟨⟩ **last week?**

2. 나 학교에서 문법 안 배웠어.

   I didn't ⟨⟩ **at school.**

3. 오늘 등록금을 낼 수 없었어.

   I couldn't ⟨⟩ **today.**

4. 내가 어제 수강 취소 하라고 말했잖아.

   I told you to ⟨⟩ **yesterday.**

5. 나 며칠 전에 수강 신청 했어.

   I ⟨⟩ **a few days ago.**

1. take TOEIC 2. learn grammar 3. pay my tuition 4. drop the class 5. registered for classes

복습 훈련 260쪽

복습 훈련 사용 설명서

1. 청크 활용 방법 추가

청크의 문장 응용 능력을 더 높여 접근해 보겠습니다.

① 중심	study English
② 시작+중심	I want to study English.
③ 시작+중심+꾸밈	I want to study English today.
④ 시작+중심+꾸밈+꾸밈	I want to study English all day today.
⑤ 시작+시작+중심+꾸밈	Please don't study English all day.
⑥ 꾸밈+시작+중심	Today I want to study English.

2. 다양한 사람들 추가

문장에서의 주체, 즉 말하는 사람들이 추가되었습니다.

He 그는 / She 그녀는 / We 우리는 / They 그들은

예 그녀는 방 청소해. She cleans the room.

우린 매일 과일 먹어. We eat fruit every day.

그들은 반복해서 영어 공부 해. They study English over and over.

3. 조심하세요!

3인칭 단수(She, He) 동사 뒤에는 -s를 붙여 주세요.

예 그녀는 혼자 살아. She lives alone.

그 남자 엄청 많이 먹어. He eats like a horse.

3인칭 단수(She, He) 부정에는 don't 대신 doesn't를 쓰세요.

예 그녀는 콜라 안 마셔. She doesn't drink Coke.

그는 아침 안 먹어. He doesn't have breakfast.

PART 2

1000 문장
마스터
복습훈련

다음 우리말을 영어로 말해 보세요.

MP3 듣기

Korean	English
1. 이 닦았어?	
2. 난 매일 이를 닦아.	
3. 우리 이 닦을 시간이야.	Hint It's time to ~
4. 방 청소하자.	
5. 그녀는 매일 방 청소를 해.	Hint every day
6. 얼마나 자주 방 청소해?	Hint How often do you ~?
7. 매일 빨래해?	
8. 나 오늘 빨래해야 해.	Hint I have to ~
9. 물 마시고 싶어?	
10. 물 마시지 그래?	Hint Why don't you ~?
11. 지금 물 마시지 마.	
12. 과일 먹을 거야?	Hint Will you ~?
13. 나 과일 먹고 싶어.	Hint I want to ~
14. 우린 매일 과일 먹어.	
15. 이제 일어날 시간이야.	

16. 난 오늘 아침에 일어날 수 없었어.

17. 아침 먹었어?

18. 그는 매일 아침 안 먹어.　　　　　　　　　　**Hint** He doesn't ~

19. 오늘 하루 종일 영어 공부했어.　　　　　　　**Hint** all day / today

20. 우리 이제부터 영어 공부하자.　　　　　　　**Hint** from now on

21. 너 어제 친구들과 영어 공부했어?

22. 걔네들은 여러 번 반복해서 영어 공부해.　　　**Hint** over and over

23. 나 지금 샤워해도 돼?

24. 얼마나 자주 집에서 샤워해?

25. 나 세수하고 싶어.

26. 나 여기서 세수해도 돼?

정답

1. Did you brush your teeth?　2. I brush my teeth every day.　3. It's time to brush our teeth.
4. Let's clean the room.　5. She cleans the room every day.　6. How often do you clean the room?　7. Do you do the laundry every day?　8. I have to do the laundry today.
9. Do you want to drink water?　10. Why don't you drink water?　11. Don't drink water now.　12. Will you eat fruit?　13. I want to eat fruit.　14. We eat fruit every day.
15. It's time to get up now.　16. I couldn't get up this morning.　17. Did you have breakfast?
18. He doesn't have breakfast every day.　19. I studied English all day today.　20. Let's study English from now on.　21. Did you study English with friends yesterday?　22. They study English over and over.　23. Can I take a shower now?　24. How often do you take a shower at home?
25. I want to wash my face.　26. Can I wash my face here?

다음 우리말을 영어로 말해 보세요.

MP3 듣기

Korean	English

1. 나 우유 안 마실 거야.　　　　　　　　　　　　　　　Hint I won't ~

2. 아침에 우유 마셔?

3. 아침에는 우유 마시고 싶지 않아.

4. 빵 먹지 마.

5. 빵 먹을 거야?

6. 나 오늘 아침에 빵 먹었어.

7. 헌혈하세요.

8. 얼마나 자주 헌혈해?

9. 나 지금 자도 돼?

10. 이제 자러 갈 시간이야.

11. 지금은 자고 싶지 않아.

12. 나 입대해야 해.

13. 나 입대하고 싶지 않아.

14. 나 잠깐 여기서 살았어.　　　　　　　　　　　　　　Hint for a while

15. 나 너랑 여기서 살고 싶어.

16. 전에는 친구들과 함께 여기서 살았는데.　　　**Hint** I used to ~

17. 나 기부하고 싶어.

18. 그는 가끔 기부해.

19. 나 내일 이사 갈 거야.

20. 우린 주중에 이사 가야 해.　　　**Hint** We have to ~

21. 치과 진찰 받으세요.

22. 치과 진찰 받지 그래?

23. 내가 치과 진찰 받으라고 말했잖아.　　　**Hint** I told you to ~

24. 진실을 말하세요.

25. 이제 진실을 말할 때야.

26. 네가 원하면 내가 사실대로 말할게.　　　**Hint** ~ if you want

정답

1. I won't drink milk.　2. Do you drink milk in the morning?　3. I don't want to drink milk in the morning.　4. Don't eat bread.　5. Will you eat bread?　6. I ate bread this morning. 7. Please give blood.　8. How often do you give blood?　9. Can I go to bed now?　10. It's time to go to bed now.　11. I don't want to go to bed now.　12. I have to join the army.　13. I don't want to join the army.　14. I lived here for a while.　15. I want to live here with you.　16. I used to live here with friends.　17. I want to make a donation.　18. He makes a donation sometimes.　19. I will move out tomorrow.　20. We have to move out during the week.　21. Please see a dentist. 22. Why don't you see a dentist?　23. I told you to see a dentist.　24. Please tell the truth.　25. It's time to tell the truth now.　26. I will tell the truth if you want.

225

DAY 03

다음 우리말을 영어로 말해 보세요.

MP3 듣기

Korean	English
1. 주스 마셨어?	
2. 나 주스 마셨어.	
3. 나 주스 마셔도 돼?	
4. 난 요즘 고기 안 먹어.	
5. 우린 어제 고기 먹었어.	
6. 전에는 공원에서 고기 먹었는데.	
7. 셔츠 다릴 거야?	
8. 내가 어제 셔츠 다리라고 말했잖아.	
9. 그녀는 혼자 살아.	
10. 나 혼자 살고 싶어.	
11. 너 혼자 살 수 있겠어?	
12. 양말 신었어?	
13. 내가 양말 신으라고 말했잖아.	
14. 나 인터넷 서핑 해도 돼?	
15. 인터넷 서핑 하지 그래?	

16. 여기서 인터넷 서핑 하지 마.

17. 우리 버스 타자.

18. 난 버스 탈 거야.

19. 오늘은 버스 안 탈 거야.

20. 취미를 보여 주세요.

21. 지금 취미 보여 줄 수 있어?

22. 나 헤어드라이기 써도 돼?

23. 나 헤어드라이기 안 썼어.

24. 아침엔 헤어드라이기 쓰지 마.

25. 손 씻었어?

26. 손 씻으세요.

1. Did you drink juice? 2. I drank juice. 3. Can I drink juice? 4. I don't eat meat these days. 5. We ate meat yesterday. 6. I used to eat meat at the park. 7. Will you iron a shirt? 8. I told you to iron a shirt yesterday. 9. She lives alone. 10. I want to live alone. 11. Can you live alone? 12. Did you put on socks? 13. I told you to put on socks. 14. Can I surf the internet? 15. Why don't you surf the internet? 16. Don't surf the internet here. 17. Let's take the bus. 18. I will take a bus. 19. I don't want to take a bus today. 20. Please show your hobbies. 21. Can you show your hobbies now? 22. Can I use a hair dryer? 23. I didn't use a hair dryer. 24. Don't use a hair dryer in the morning. 25. Did you wash your hands? 26. Please wash your hands.

다음 우리말을 영어로 말해 보세요.

MP3 듣기

Korean	English
1. 창문 닫지 마.	
2. 창문 닫아 주세요.	
3. 난 창문 안 닫았어.	
4. 나 저녁 요리할 수 있어.	
5. 그는 집에서 매일 저녁을 요리해.	
6. 집에서 얼마나 자주 저녁 요리해?	
7. 계란 후라이 먹을 거야?	
8. 나 계란 후라이 먹고 싶어.	
9. 나 집에 늦게 들어갈 거야.	
10. 나 집에 늦게 들어가도 돼?	
11. 나가지 마.	
12. 우리 오늘 밤에 나가자.	
13. 나 오늘은 안 나갈 거야.	
14. 나 지금 나갈 수 있어.	
15. 난 요즘 일기 안 써.	

228

16. 그녀는 매일 일기를 써.

17. 얼마나 자주 일기를 써?

18. 어제 라디오 들었어?

19. 라디오 들을 시간이야.

20. 우린 매일 라디오를 들어.

21. 볼링 치고 있어?

22. 나 볼링 치고 싶어.

23. 얼마나 자주 친구들이랑 볼링 쳐?

24. 나 알람 맞춰야 해.

25. 내가 알람 맞추라고 말했잖아.

26. 너 어제 설거지했어?

27. 내가 매일 설거지해야 해?

1. Don't close the window.   2. Please close the window.   3. I didn't close the window.
4. I can cook dinner.   5. He cooks dinner every day at home.   6. How often do you cook dinner at home?   7. Will you eat fried eggs?   8. I want to eat fried eggs.   9. I will get home late.   10. Can I get home late?   11. Don't go out.   12. Let's go out tonight.   13. I won't go out today.   14. I can go out now.   15. I don't keep a diary these days.   16. She keeps a diary every day.   17. How often do you keep a diary?   18. Did you listen to the radio yesterday?   19. It's time to listen to the radio.
20. We listen to the radio every day.   21. Do you want to go bowling?   22. I want to go bowling.
23. How often do you go bowling with friends?   24. I have to set the alarm clock.   25. I told you to set the alarm clock.   26. Did you wash the dishes yesterday?   27. Do I have to wash the dishes every day?

DAY 05

다음 우리말을 영어로 말해 보세요.

MP3 듣기

Korean	English

1. 나 우산 가져왔어.

2. 오늘 우산 가져왔어?

3. 나 오늘 우산 안 가져왔어.

4. 껌 안 씹어.

5. 제발 껌 씹지 마. Hint Please don't ~

6. 지금 껌 씹을 거야?

7. 여기서 손톱 깎지 마.

8. 내가 손톱 깎으라고 말했잖아.

9. 앱 다운 받으세요.

10. 앱 다운 받았어?

11. 난 계속해서 앱을 다운 받을 수 없었어.

12. 나 신선한 채소 먹고 싶어.

13. 우린 아침에 신선한 채소 먹어.

14. 나 웹툰 보고 싶어.

15. 그는 매일 집에서 웹툰을 봐.

16. 내가 쓰레기 분리수거 해야 해?

17. 이제부터 쓰레기 분리수거 하세요.

18. 내가 쓰레기 분리수거 하라고 말했잖아.

19. 전에는 온라인 쇼핑 했었는데.

20. 얼마나 자주 온라인 쇼핑 해?

21. 그녀는 매일 온라인 쇼핑을 해.

22. 일본어 공부하지 그래?

23. 혼자서 일본어 공부했어.

24. 우리 이제부터 일본어 공부하자.

25. 컵 닦았어?

26. 나 컵 닦았어.

1. I brought an umbrella.   2. Did you bring an umbrella today?   3. I didn't bring an umbrella today.   4. I don't chew gum.   5. Please don't chew gum.   6. Will you chew gum now?   7. Don't cut your nails here.   8. I told you to cut your nails.   9. Please download the app.   10. Did you download the app?   11. I couldn't download the app over and over.   12. I want to eat fresh vegetables.   13. We eat fresh vegetables in the morning.   14. I want to read webtoons.   15. He reads webtoons at home every day.   16. Do I have to separate the garbage?   17. Please separate the garbage from now on.   18. I told you to separate the garbage.   19. I used to shop online.   20. How often do you shop online?   21. She shops online every day.   22. Why don't you study Japanese?   23. I studied Japanese by myself.   24. Let's study Japanese from now on.   25. Did you wash cups?   26. I washed cups.

다음 우리말을 영어로 말해 보세요.

MP3 듣기

Korean	English
1. 복권 샀어?	
2. 나 더 이상 복권 안 살 거야.	
3. 우리 화장실 청소하자.	
4. 나 어제 화장실 청소했어.	
5. 너 화장실 청소할 수 있어?	
6. 나 탄산음료 마시고 싶어.	
7. 그녀는 탄산음료 안 마셔.	
8. 난 더 이상 탄산음료 안 마실 거야.	
9. 얼마나 자주 외식해?	
10. 우리 오늘 외식할 거야.	
11. 우린 어제 시내에서 외식했어.	
12. 난 아파트에 살고 싶어.	
13. 그는 시내에 있는 아파트에 살아.	
14. 우리 뷔페 가자.	
15. 뷔페 가고 싶어?	

16. 야식 먹지 마.

17. 난 더 이상 야식 안 먹을 거야.

18. 음식 주문했어?

19. 음식 주문하지 그래?

20. 우리 음식 주문하자.

21. 포켓볼 칠 수 있어?

22. 우리 수업 끝나고 포켓볼 치자.

23. 전에는 수업 끝나고 친구들과 포켓볼 쳤었는데.

24. 세차했어?

25. 그는 매일 세차해.

26. 얼마나 자주 세차해?

1. Did you buy a lottery ticket?   2. I won't buy a lottery ticket anymore.   3. Let's clean the bathroom.   4. I cleaned the bathroom yesterday.   5. Can you clean the bathroom?   6. I want to drink soda.   7. She doesn't drink soda.   8. I won't drink soda anymore.   9. How often do you eat out?   10. We will eat out today.   11. We ate out downtown yesterday.   12. I want to live in an apartment.   13. He lives in an apartment downtown.   14. Let's go to the buffet.   15. Do you want to go to the buffet?   16. Don't have a late night snack.   17. I won't have a late night snack anymore.   18. Did you order food?   19. Why don't you order food?   20. Let's order food.   21. Can you play pool?   22. Let's play pool after class.   23. I used to play pool with friends after class.   24. Did you wash your car?   25. He washes his car every day.   26. How often do you wash your car?

233

다음 우리말을 영어로 말해 보세요.

MP3 듣기

Korean	English

1. 내가 영화표 사야 해?

2. 내가 영화표 사라고 말했잖아.

3. 팝콘 먹고 싶어?

4. 나 팝콘 먹을 거야.

5. 난 그녀에게 반했어.

6. 그 남자는 너한테 빠졌어.

7. 데이트했어?

8. 얼마나 자주 데이트해?

9. 나 너랑 데이트하고 싶어.

10. 몸매를 유지하세요.

11. 그녀는 매일 몸매를 유지해.

12. 난 몸매 유지할 수 없었어.

13. 향수 뿌렸어?

14. 향수 뿌리지 마.

15. 난 오늘 향수 안 뿌렸어.

16. 영화 볼 시간이야.

17. 우리 오늘 밤에 영화 보자.

18. 얼마나 자주 시내에서 영화 봐?

19. 문자 보내지 그래?

20. 더 이상 문자 보내지 마.

21. 내가 문자 보내라고 말했잖아.

22. 난 자랑하고 싶지 않아.

23. 그는 계속해서 자랑해.

24. 지금 통화할 수 있어?

25. 나 너랑 통화하고 싶지 않아.

정답

1. Do I have to buy a movie ticket?   2. I told you to buy a movie ticket.   3. Do you want to eat popcorn?   4. I will eat popcorn.   5. I fell in love with her.   6. He fell in love with you.   7. Did you go on a date?   8. How often do you go on a date?   9. I want to go on a date with you.   10. Please keep in shape.   11. She keeps in shape every day.   12. I couldn't keep in shape.   13. Did you put on perfume?   14. Don't put on perfume.   15. I didn't put on perfume today.   16. It's time to see a movie.   17. Let's see a movie tonight.   18. How often do you see a movie downtown?   19. Why don't you send a text message?   20. Don't send a text message anymore.   21. I told you to send a text message.   22. I don't want to show off.   23. He shows off over and over.   24. Can you talk on the phone now?   25. I don't want to talk on the phone with you.

다음 우리말을 영어로 말해 보세요.

MP3 듣기

Korean	English

1. 헤어스타일 바꿨어?

2. 헤어스타일 바꾸지 그래?

3. 우린 가끔 자원 봉사 해.

4. 전에는 혼자 자원 봉사했는데.

5. 너 오늘 자원 봉사 할 수 있어?

6. 그 남자는 많이 먹어.

7. 나 전에는 많이 먹었는데.

8. 머리 자르지 그래?

9. 얼마나 자주 머리 잘라?

10. 나 시내에서 머리 잘랐어.

11. 교회 갈 시간이야.

12. 나 전에 교회 다녔었어.

13. 너 이번 주말에 교회 갈 수 있어?

14. 나 용돈 벌 수 있어.

15. 용돈 벌고 싶어.

16. 나 오늘 친구들 만날 거야.

17. 오늘 내 친구들 만날 거야?

18. 나 어제 시내에서 친구들 만났어.

19. 날 위해 기도해 줘.

20. 난 매일 널 위해 기도해.

21. 나 요즘 성경 공부해.

22. 얼마나 자주 성경 공부해?

23. 우린 성경 공부 안 해.

24. 미드 보니?

25. 나 요즘 미드 봐.

26. 미드 보고 싶어.

1. Did you change your hairstyle?   2. Why don't you change your hairstyle?   3. Sometimes we do volunteer work.   4. I used to do volunteer work by myself.   5. Can you do volunteer work today?   6. He eats like a horse.   7. I used to eat like a horse.   8. Why don't you get a haircut?   9. How often do you get a haircut?   10. I got a haircut downtown.   11. It's time to go to church.   12. I used to go to church.   13. Can you go to church this weekend?   14. I can make pocket money.   15. I want to make pocket money.   16. I will meet my friends today.   17. Will you meet my friends today?   18. I met my friends downtown yesterday.   19. Please pray for me.   20. I pray for you every day.   21. I study the Bible these days.   22. How often do you study the Bible?   23. We don't study the Bible.   24. Do you watch American TV series?   25. I watch American TV series these days.   26. I want to watch American TV series.

237

다음 우리말을 영어로 말해 보세요.

MP3 듣기

Korean	English
1. 노트북 가져올 거야?	
2. 내가 오늘 노트북 가져오라고 말했잖아.	
3. 핸드폰 좀 바꾸지 그래?	
4. 나 핸드폰 바꾸고 싶어.	
5. 라면 먹지 마.	
6. 우리 라면 먹자.	
7. 나 더 이상 라면 먹고 싶지 않아.	
8. 얼마나 자주 쇼핑해?	
9. 우리 오늘 쇼핑하자.	
10. 나 친구들하고 쇼핑하고 싶어.	
11. 너 피아노 칠 수 있어?	
12. 난 피아노 칠 수 있어.	
13. 나 요즘 피아노 안 쳐.	
14. 소설 읽었어?	
15. 나 가끔 소설 읽어.	

16. 전에는 소설 좀 읽었었는데.

17. 진찰 받지 그래?

18. 내가 진찰 받으라고 말했잖아.

19. 난 하루 종일 진찰 받을 수 없었어.

20. 꽃 보냈어?

21. 내가 꽃 안 보냈어.

22. 내가 꽃 보내라고 말했잖아.

23. 전에는 중국어 공부했었어.

24. 걔네들 요즘 중국어 공부해.

25. 나 오늘 머리 안 감았어.

26. 얼마나 자주 머리 감아?

정답

1. Will you bring your laptop?   2. I told you to bring your laptop today.   3. Why don't you change your cell phone?   4. I want to change my cell phone.   5. Don't eat instant noodles.   6. Let's eat instant noodles.   7. I don't want to eat instant noodles anymore.   8. How often do you go shopping?   9. Let's go shopping today.   10. I want to go shopping with friends.   11. Can you play the piano?   12. I can play the piano.   13. I don't play the piano these days.   14. Did you read a novel?   15. Sometimes I read a novel.   16. I used to read a novel.   17. Why don't you see a doctor?   18. I told you to see a doctor.   19. I couldn't see a doctor all day.   20. Did you send flowers?   21. I didn't send flowers.   22. I told you to send flowers.   23. I used to study Chinese.   24. They study Chinese these days.   25. I didn't wash my hair today.   26. How often do you wash your hair?

다음 우리말을 영어로 말해 보세요.

MP3 듣기

Korean	English
1. 차 살 거야?	
2. 나 오늘 차 샀어.	
3. 난 한동안 차를 살 수 없었어.	
4. 우리 피자 먹자.	
5. 나 오늘 피자 먹고 싶어.	
6. 우린 며칠 전에 피자 먹었어.	
7. 소식 들었어?	
8. 아침에 소식 들었어.	
9. 나 클럽에 가입하고 싶어.	
10. 그녀가 동호회에 가입했어.	
11. 그 여자는 강아지를 키워.	
12. 집에서 강아지 키우고 싶어.	
13. 운전 배우세요.	
14. 운전 배울 시간이야.	
15. 나 어제 예금했어.	

16. 나 오늘 예금할 거야.

17. 내가 예금하라고 말했잖아.

18. 악보 읽을 수 있어?

19. 난 악보 읽을 수 있어.

20. 난 악보를 읽을 수 없었어.

21. 전에는 마라톤 뛰었는데.

22. 얼마나 자주 마라톤 뛰어?

23. 우리 이번 주말에 마라톤 뛰자.

24. 아이들을 가르치지 그래?

25. 나 학교에서 아이들 가르치고 싶어.

26. 너 하루 종일 아이들 가르칠 수 있어?

1. Will you buy a car?   2. I bought a car today.   3. I couldn't buy a car for a while.   4. Let's eat pizza.   5. I want to eat pizza today.   6. We ate pizza a few days ago.   7. Did you hear the news?   8. I heard the news this morning.   9. I want to join a club.   10. She joined a club.   11. She keeps a pet dog.   12. I want to keep a pet dog at home.   13. Please learn to drive.   14. It's time to learn to drive.   15. I made a deposit yesterday.   16. I will make a deposit today.   17. I told you to make a deposit.   18. Can you read music?   19. I can read music.   20. I couldn't read music.   21. I used to run a marathon.   22. How often do you run a marathon?   23. Let's run a marathon this weekend.   24. Why don't you teach children?   25. I want to teach children at school.   26. Can you teach children all day?

다음 우리말을 영어로 말해 보세요.

MP3 듣기

Korean	English
1. 의사 불렀어?	
2. 내가 의사 부를 거야.	
3. 매운 음식 먹을 수 있어?	
4. 난 매일 매운 음식 먹을 수 있어.	
5. 난 더 이상 매운 음식 안 먹을 거야.	
6. 얼마나 자주 등산 가?	
7. 걔네들 요즘 등산 가.	
8. 이번 주말에 등산 가자.	
9. 나 수술 받아야 해?	
10. 수술 받고 싶지 않아.	
11. 수영 배웠어?	
12. 수영 배우지 그래?	
13. 나 잠깐 수영 배웠어.	
14. 공과금 납부하세요.	
15. 나 오늘 공과금 내야 해.	

242

16. 나 지난주에 공과금 못 냈어.

17. 자막 읽지 마.

18. 자막 읽을 수 있어?

19. 헤어스프레이 썼어?

20. 난 헤어스프레이 안 써.

21. 전에는 헤어스프레이 썼었는데.

22. 친구 기다리자.

23. 나 친구 기다려야 해.

24. 난 밖에서 친구를 기다렸어.

25. 내가 리뷰 쓸게.

26. 너 지금 리뷰 쓸 수 있어?

1. Did you call a doctor? 2. I will call a doctor. 3. Can you eat spicy food? 4. I can eat spicy food every day. 5. I won't eat spicy food anymore. 6. How often do you go hiking? 7. They go hiking these days. 8. Let's go hiking this weekend. 9. Do I have to have surgery? 10. I don't want to have surgery. 11. Did you learn to swim? 12. Why don't you learn to swim? 13. I learned to swim for a while. 14. Please pay utility bills. 15. I have to pay utility bills today. 16. I couldn't pay utility bills last week. 17. Don't read the subtitles. 18. Can you read the subtitles? 19. Did you use hairspray? 20. I don't use hairspray. 21. I used to use hairspray. 22. Let's wait for a friend. 23. I have to wait for a friend. 24. I waited for a friend outside. 25. I will write a review. 26. Can you write a review now?

243

다음 우리말을 영어로 말해 보세요.

MP3 듣기

Korean	English

1. 내가 결혼식에 참석해야 해?

2. 너 이번 주말에 결혼식에 참석할 수 있어?

3. 전화번호 바꿨어?

4. 전화번호 바꾸지 마세요.

5. 그녀는 전화번호를 바꿔 버렸어.

6. 그녀는 적게 먹어.

7. 전에는 적게 먹었는데.

8. 나 결혼하고 싶어.

9. 그 남자 결혼했어.

10. 난 결혼 안 할 거야.

11. 너 나랑 사귀고 싶어?

12. 나 너랑 사귀고 싶어.

13. 너 그 남자랑 사귈 거야?

14. 나는 마스크를 써야 해.

15. 나는 마스크를 쓰고 싶지 않아.

16. 주차했어?

17. 나 여기다 주차해도 돼?

18. 하루 종일 주차할 수 없었어.

19. 잡지 읽어도 돼?

20. 그녀는 매일 잡지를 읽어.

21. 화장 지우지 그래?

22. 나 화장 안 지웠어.

23. 오늘은 화장 안 지울래.

24. 집에 있고 싶지 않아.

25. 나 오늘 집에 있을 거야.

26. 내가 집에 있으라고 했잖아.

1. Do I have to attend the wedding?   2. Can you attend the wedding this weekend?   3. Did you change your phone number?   4. Don't change your phone number.   5. She changed her phone number.   6. She eats like a bird.   7. I used to eat like a bird.   8. I want to get married.   9. He got married.   10. I won't get married.   11. Do you want to go out with me?   12. I want to go out with you.   13. Will you go out with him?   14. I have to wear a mask.   15. I don't want to wear a mask.   16. Did you park your car?   17. Can I park my car here?   18. I couldn't park my car all day.   19. Can I read a magazine?   20. She reads a magazine every day.   21. Why don't you remove your makeup?   22. I didn't remove my makeup.   23. I won't remove my makeup today.   24. I don't want to stay home.   25. I will stay home today.   26. I told you to stay home.

245

다음 우리말을 영어로 말해 보세요.

MP3 듣기

Korean	English

1. 나 그림 그리고 싶어.

2. 전에는 그림 그렸었는데.

3. 그는 가끔 공원에서 그림 그려.

4. 우리 내일 낚시 가자.

5. 얼마나 자주 낚시 가?

6. 음악 들었어?

7. 난 매일 음악 들어.

8. 음식 만들 수 있어?

9. 난 오늘 아침에 음식 만들었어.

10. 그는 가끔 집에서 음식 만들어.

11. 기타 쳐도 돼?

12. 너 기타 칠 수 있어?

13. 난 기타 칠 수 있어.

14. 이제 책 읽을 시간이야.

15. 전에는 공원에서 책 읽었는데.

16. 내가 어제 책 읽으라고 말했잖아.

17. 오토바이 탈 수 있어?

18. 얼마나 자주 오토바이 타?

19. 내일 야구 경기 볼 거야?

20. 우리 이번 주말에 야구 경기 보자.

21. TV 보지 마.

22. 나 TV 안 봤어.

23. 우린 TV 매일 안 봐.

24. 너 요즘 운동하니?

25. 운동하지 그래?

26. 그는 매일 운동해.

정답

1. I want to draw a picture.   2. I used to draw a picture.   3. Sometimes he draws a picture at the park.   4. Let's go fishing tomorrow.   5. How often do you go fishing?   6. Did you listen to music?   7. I listen to music every day.   8. Can you make food?   9. I made food this morning.   10. Sometimes he makes food at home.   11. Can I play the guitar? 12. Can you play the guitar?   13. I can play the guitar.   14. It's time to read a book now.   15. I used to read a book at the park.   16. I told you to read a book yesterday.   17. Can you ride a motorbike?   18. How often do you ride a motorbike?   19. Will you see a baseball game tomorrow?   20. Let's see a baseball game this weekend.   21. Don't watch TV.   22. I didn't watch TV.   23. We don't watch TV every day.   24. Do you work out these days?   25. Why don't you work out?   26. He works out every day.

다음 우리말을 영어로 말해 보세요.

MP3 듣기

Korean	English
1. 너 그녀에게 데이트 신청했어?	
2. 나 오늘 그녀에게 데이트 신청할 거야.	
3. 내가 점심 사야 해?	
4. 내가 내일 점심 살게.	
5. 그 여자 가끔 점심 사.	
6. 앞머리 잘랐어?	
7. 앞머리 자르지 그래?	
8. 나 앞머리 자르고 싶어.	
9. 나 스파게티 먹고 싶어.	
10. 나 며칠 전에 스파게티 먹었어.	
11. 우리 오늘 밤에 극장 가자.	
12. 너랑 극장 가고 싶어.	
13. 너 이번 주말에 극장 갈 수 있어?	
14. 나 내일 소개팅 있어.	
15. 오늘 소개팅할 수 있어?	

16. 나 지난 주말에 소개팅 안 했어.

17. 약속 지키세요.

18. 난 약속 지킬 거야.

19. 나 화장 안 했어.

20. 너 오늘 화장했어?

21. 그녀는 화장 안 해.

22. 우린 가끔 연극을 봐.

23. 얼마나 자주 연극 봐?

24. 전에는 친구들과 연극 봤었는데.

25. 걔네들 팔짱 끼고 걸었어.

26. 나 팔짱 끼고 걷고 싶어.

1. Did you ask her for a date? **2.** I will ask her for a date today. **3.** Do I have to buy lunch? **4.** I will buy lunch tomorrow. **5.** Sometimes she buys lunch. **6.** Did you cut your bangs? **7.** Why don't you cut your bangs? **8.** I want to cut my bangs. **9.** I want to eat spaghetti. **10.** I ate spaghetti a few days ago. **11.** Let's go to the movies tonight. **12.** I want to go to the movies with you. **13.** Can you go to the movies this weekend? **14.** I have a blind date tomorrow. **15.** Can you have a blind date today? **16.** I didn't have a blind date last weekend. **17.** Please keep your promise. **18.** I will keep my promise. **19.** I didn't put on makeup. **20.** Did you put on makeup today? **21.** She doesn't put on makeup. **22.** Sometimes we see a play. **23.** How often do you see a play? **24.** I used to see a play with friends. **25.** They walked arm in arm. **26.** I want to walk arm in arm.

다음 우리말을 영어로 말해 보세요.

MP3 듣기

Korean	English
1. 친구들이랑 잘 지내?	
2. 우린 친구들과 잘 지내.	
3. 드라이브 가지 그래?	
4. 나 드라이브 가고 싶어.	
5. 우리 이번 주말에 드라이브 가자.	
6. 나 네 손 잡고 싶어.	
7. 난 어제 그녀의 손을 못 잡았어.	
8. 너 요리 배울 거야?	
9. 요리 배울 시간이야.	
10. 남자친구 만들고 싶어?	
11. 지금은 남자친구 사귀고 싶지 않아.	
12. 우리 돈 같이 내자.	
13. 우린 같이 돈 냈어.	
14. 어제 돈 같이 냈어?	
15. 여러 명 가볍게 만나지 마.	

16. 전에는 여러 명 가볍게 만났는데.

17. 그 남자 한동안 여러 명 가볍게 만났어.

18. 그녀에게 고백했어?

19. 그 여자한테 고백하지 그래?

20. 난 오늘 밤 그녀에게 고백할 거야.

21. 젊게 지내고 싶어?

22. 나 젊게 지내고 싶어.

23. 난 젊게 지낼 수 없었어.

24. 내가 오늘 집에 데려다 줄게.

25. 그가 매일 그녀를 집에 데려다 줘.

26. 내가 그녀를 집에 데려다 주라고 했잖아.

정답

1. Do you get along with friends?   2. We get along with friends.   3. Why don't you go for a drive?   4. I want to go for a drive.   5. Let's go for a drive this weekend.   6. I want to hold your hand.   7. I couldn't hold her hand yesterday.   8. Will you learn to cook? 9. It's time to learn to cook.   10. Do you want to get a boyfriend?   11. I don't want to get a boyfriend now.   12. Let's pay together.   13. We paid together.   14. Did you pay together yesterday?   15. Don't play the field.   16. I used to play the field.   17. He played the field for a while.   18. Did you propose to her?   19. Why don't you propose to her?   20. I will propose to her tonight.   21. Do you want to stay young?   22. I want to stay young.   23. I couldn't stay young.   24. I will take you home today.   25. He takes her home every day.   26. I told you to take her home.

251

다음 우리말을 영어로 말해 보세요.

MP3 듣기

Korean	English
1. 질문했어?	
2. 나 질문 안 했는데.	
3. 난 수업 시간에 질문할 거야.	
4. 박수 쳤어?	
5. 수업 시간에 박수 치지 마.	
6. 우리 단어 찾자.	
7. 난 하루 종일 단어를 찾을 수 없었어.	
8. 난 정확히 모르겠는데.	
9. 그들은 정확히 알아.	
10. 정확히 알고 싶어.	
11. 기숙사에 살지 그래?	
12. 지금은 기숙사에 살아.	
13. 나 한동안 기숙사에서 살았어.	
14. 영단어 안 외울 거야.	
15. 전에는 영단어 외웠었는데.	

16. 꾀병 부리지 마.

17. 나 꾀병 안 부렸어.

18. 그 남자 꾀병 부려.

19. 우린 시험 준비 안 하는데.

20. 어제 시험 준비를 할 수 없었어.

21. 열심히 공부하세요.

22. 우리 이제부터 열심히 공부하자.

23. 내가 수업 시간에 열심히 공부하라고 했잖아.

24. 시험 볼 시간이야.

25. 나 내일 시험 봐야 해.

26. 나 학교에서 시험 봤어.

정답

1. Did you ask a question?   2. I didn't ask a question.   3. I will ask a question in class.
4. Did you clap hands?   5. Don't clap hands in class.   6. Let's find the word.   7. I couldn't
find the word all day.   8. I don't know exactly.   9. They know exactly.   10. I want to
know exactly.   11. Why don't you live in a dormitory?   12. I live in a dormitory now.   13.
I lived in a dormitory for a while.   14. I won't memorize English words.   15. I used to
memorize English words.   16. Don't play the old soldier.   17. I didn't play the old soldier.
18. He plays the old soldier.   19. We don't prepare for an exam.   20. I couldn't prepare
for an exam yesterday.   21. Please study hard.   22. Let's study hard from now on.
23. I told you to study hard in class.   24. It's time to take a test.   25. I have to take a test
tomorrow.   26. I took a test at school.

DAY 17

다음 우리말을 영어로 말해 보세요.

MP3 듣기

Korean	English
1. 대학원 다닐 거야?	
2. 난 대학원 안 다녔어.	
3. 그는 대학원 다녀.	
4. 독서를 좋아하세요?	
5. 난 책 읽는 거 좋아해요.	
6. 벌 받았어?	
7. 난 벌 받고 싶지 않아.	
8. 나 학교에서 벌 받았어.	
9. 정답 찾았어?	
10. 난 답을 찾을 수 없었어.	
11. 너 똑똑해 보인다.	
12. 그 남자 똑똑해 보이더라.	
13. 나 똑똑하게 보이고 싶어.	
14. 나 음악 공부해도 돼?	
15. 그녀는 잠깐 음악을 공부했었어.	

254

16. 나 이제부터 음악 공부할 거야.

17. 내가 필기해야 해?

18. 저 지금 필기해도 돼요?

19. 내가 수업 시간에 필기하라고 했잖아.

20. 전에는 영어 가르쳤었는데.

21. 그녀는 학교에서 영어를 가르쳐.

22. 핸드폰은 꺼 주세요.

23. 핸드폰 꺼야 해?

24. 핸드폰 좀 꺼 줄래?

25. 나 논문 써야 해.

26. 나 요즘 논문 써.

정답

1. Will you attend graduate school? **2.** I didn't attend graduate school. **3.** He attends graduate school. **4.** Do you enjoy reading? **5.** I enjoy reading. **6.** Did you face the music? **7.** I don't want to face the music. **8.** I faced the music at school. **9.** Did you find the answer? **10.** I couldn't find the answer. **11.** You look smart. **12.** He looks smart. **13.** I want to look smart. **14.** Can I study music? **15.** She studied music for a while. **16.** I will study music from now on. **17.** Do I have to take notes? **18.** Can I take notes now? **19.** I told you to take notes in class. **20.** I used to teach English. **21.** She teaches English at school. **22.** Please turn off the cell phone. **23.** Do I have to turn off the cell phone? **24.** Can you turn off the cell phone? **25.** I have to write a paper. **26.** I write a paper these days.

255

다음 우리말을 영어로 말해 보세요.

MP3 듣기

Korean	English
1. 나 콜라 마셔도 돼?	
2. 콜라 마시지 마.	
3. 난 콜라 안 마셔.	
4. 어제 중국 음식 먹었어.	
5. 나 오늘 중국 음식 먹고 싶어.	
6. 얼마나 자주 중국 음식을 먹어?	
7. 다이어트하지 마.	
8. 우리 다이어트하자.	
9. 이제 다이어트할 때야.	
10. 부모님과 같이 살아?	
11. 나 요즘 부모님하고 같이 살아.	
12. 전에는 부모님과 함께 살았었어.	
13. 문 잠갔어?	
14. 문 잠그세요.	
15. 문 잠그지 마.	

16. 그는 맨날 모바일 게임을 해.

17. 난 집에서 모바일 게임 안 해.

18. 너 요즘 지하철 타?

19. 난 지하철 안 타고 싶어.

20. 알람 좀 꺼 주세요.

21. 내가 알람 꺼 달라고 했잖아.

22. 우리 버스 기다리자.

23. 버스 기다릴 시간이야.

24. 버스 기다릴 거야?

25. 내가 댓글 달았어.

26. 내가 댓글 달라고 했잖아.

1. Can I drink Coke?　2. Don't drink Coke.　3. I don't drink Coke.　4. I ate Chinese food yesterday.
5. I want to eat Chinese food today.　6. How often do you eat Chinese food?　7. Don't go on a diet.　8. Let's go on a diet.　9. It's time to go on a diet now.　10. Do you live with your parents?
11. I live with my parents these days.　12. I used to live with my parents.　13. Did you lock the door?　14. Please lock the door.　15. Don't lock the door.　16. He plays mobile games every day.
17. I don't play mobile games at home.　18. Do you take the subway these days?　19. I don't want to take the subway.　20. Please turn off the alarm clock.　21. I told you to turn off the alarm clock.　22. Let's wait for the bus.　23. It's time to wait for the bus.　24. Will you wait for the bus?
25. I wrote a comment.　26. I told you to write a comment.

257

DAY 19

다음 우리말을 영어로 말해 보세요.

MP3 듣기

Korean	English
1. 일찍 도착했어?	
2. 나 일찍 도착했어.	
3. 네가 원하면 나 일찍 도착할 수 있어.	
4. 선생님께 물어봤어?	
5. 선생님께 물어보지 그래?	
6. 내가 수업 끝나고 선생님께 물어볼게.	
7. 나 오늘 책 가져왔어.	
8. 나 오늘 책 안 가져왔어.	
9. 내가 너 책 가져오라고 했잖아.	
10. 숙제했어?	
11. 이제 우리 숙제할 시간이야.	
12. 나 오늘 숙제해야 해.	
13. 나 친구들과 놀고 싶어.	
14. 나 어제 친구들이랑 놀았어.	
15. 컴퓨터 게임 하지 마.	

16. 그는 매일 컴퓨터 게임을 해.

17. 나 리포트 준비해야 해.

18. 나 리포트 준비 안 했는데.

19. 아침 거르지 마.

20. 나 오늘 아침 안 먹을래.

21. 교과서로 공부하세요.

22. 난 교과서로 공부하고 싶지 않아.

23. 우린 학교에서 교과서로 공부해야 해.

24. 수업 들을 거야?

25. 오늘 수업 들을 수 있어?

26. 나 너랑 수업 안 들을 거야.

1. Did you arrive early? 2. I arrived early. 3. I can arrive early if you want. 4. Did you ask the teacher? 5. Why don't you ask the teacher? 6. I will ask the teacher after class. 7. I brought my book today. 8. I didn't bring my book today. 9. I told you to bring your book. 10. Did you do your homework? 11. It's time to do our homework now. 12. I have to do my homework today. 13. I want to hang out with friends. 14. I hung out with friends yesterday. 15. Don't play computer games. 16. He plays computer games every day. 17. I have to prepare a report. 18. I didn't prepare a report. 19. Don't skip breakfast. 20. I will skip breakfast today. 21. Please study textbooks. 22. I don't want to study textbooks. 23. We have to study textbooks at school. 24. Will you take a class? 25. Can you take a class today? 26. I won't take a class with you.

다음 우리말을 영어로 말해 보세요.

MP3 듣기

Korean	English
1. 새치기하지 마.	
2. 우린 새치기 안 했어.	
3. 수강 취소 할 거야?	
4. 나 며칠 전에 수강 취소 했어.	
5. 나 오늘 수강 취소 할 거야.	
6. 나 대학에 들어가야 해.	
7. 대학에 들어가고 싶어.	
8. 시험 끝내고 싶어.	
9. 나 오늘 시험 끝냈어.	
10. 문법을 배우지 그래?	
11. 문법을 배워야 해?	
12. 난 문법 배우고 싶지 않아.	
13. 등록금 낼 때야.	
14. 지난주에 등록금 냈어.	
15. 난 한동안 등록금을 낼 수 없었어.	

16. 수업 시간에 손들었어?

17. 나 수업 시간에 손 안 들었는데.

18. 그녀는 오늘 수업 시간에 손을 들었어.

19. 수강 신청 했어?

20. 내가 수강 신청하라고 말했잖아.

21. 지난 주말에는 수강 신청을 할 수 없었어.

22. 수업 빠지지 마.

23. 너 어제 수업 빠졌지?

24. 내가 토익 시험을 봐야 해?

25. 얼마나 자주 토익 시험 봐?

26. 나 이번 주말에 토익 시험 봐야 해.

정답

1. Don't cut in line.   2. We didn't cut in line.   3. Will you drop the class?   4. I dropped the class a few days ago.   5. I will drop the class today.   6. I have to enter a college.   7. I want to enter a college.   8. I want to finish the test.   9. I finished the test today.   10. Why don't you learn grammar?   11. Do I have to learn grammar?   12. I don't want to learn grammar. 13. It's time to pay my tuition.   14. I paid my tuition last week.   15. I couldn't pay my tuition for a while.   16. Did you put your hand up in class?   17. I didn't put my hand up in class. 18. She put her hand up in class today.   19. Did you register for classes?   20. I told you to register for classes.   21. I couldn't register for classes last week.   22. Don't skip the class.   23. Did you skip the class yesterday?   24. Do I have to take TOEIC?   25. How often do you take TOEIC?   26. I have to take TOEIC this weekend.

계획표

Mon	Tue	Wed
DAY 01 19~28쪽	DAY 02 29~38쪽	DAY 03 39~48쪽
DATE /	DATE /	DATE /
DAY 06 69~78쪽	DAY 07 79~88쪽	DAY 08 89~98쪽
DATE /	DATE /	DATE /
DAY 11 119~128쪽	DAY 12 129~138쪽	DAY 13 139~148쪽
DATE /	DATE /	DATE /
DAY 16 169~178쪽	DAY 17 179~188쪽	DAY 18 189~198쪽
DATE /	DATE /	DATE /

Thu	Fri	주말 복습
DAY 04 49~58쪽 DATE /	DAY 05 59~68쪽 DATE /	**PART 2** DAY 01~05 222~231쪽 부가자료 딕테이션 테스트 표현 퀴즈
DAY 09 99~108쪽 DATE /	DAY 10 109~118쪽 DATE /	**PART 2** DAY 06~10 232~241쪽 부가자료 딕테이션 테스트 표현 퀴즈
DAY 14 149~158쪽 DATE /	DAY 15 159~168쪽 DATE /	**PART 2** DAY 11~15 242~251쪽 부가자료 딕테이션 테스트 표현 퀴즈
DAY 19 199~208쪽 DATE /	DAY 20 209~218쪽 DATE /	**PART 2** DAY 16~20 252~261쪽 부가자료 딕테이션 테스트 표현 퀴즈